PERSA
VOCABULÁRIO

PALAVRAS MAIS ÚTEIS

PORTUGUÊS PERSA

Para alargar o seu léxico e apurar as suas competências linguísticas

5000 palavras

Vocabulário Português-Persa - 5000 palavras
Por Andrey Taranov

Os vocabulários da T&P Books destinam-se a ajudar a aprender, a memorizar, e a rever palavras estrangeiras. O dicionário é dividido em temas, cobrindo todas as principais esferas de atividades quotidianas, negócios, ciência, cultura, etc.

O processo de aprendizagem, utilizando os dicionários baseados em temáticas da T&P Books dá-lhe as seguintes vantagens:

- Informação de origem corretamente agrupada predetermina o sucesso em fases subsequentes da memorização de palavras
- Disponibilização de palavras derivadas da mesma raiz, o que permite a memorização de unidades de texto (em vez de palavras separadas)
- Pequenas unidades de palavras facilitam o processo de estabelecimento de vínculos associativos necessários para a consolidação do vocabulário
- O nível de conhecimento da língua pode ser estimado pelo número de palavras aprendidas

Copyright © 2019 T&P Books Publishing

Todos os direitos reservados. Nenhuma parte desta publicação pode ser reproduzida, total ou parcialmente, por quaisquer métodos ou processos, sejam eles eletrónicos, mecânicos, de fotocópia ou outros, sem a autorização escrita do editor. Esta publicação não pode ser divulgada, copiada ou distribuída em nenhum formato.

T&P Books Publishing
www.tpbooks.com

ISBN: 978-1-78716-776-6

Este livro também está disponível em formato E-book.
Por favor visite www.tpbooks.com ou as principais livrarias on-line.

VOCABULÁRIO PERSA
palavras mais úteis

Os vocabulários da T&P Books destinam-se a ajudar a aprender, a memorizar, e a rever palavras estrangeiras. O vocabulário contém mais de 5000 palavras de uso comum organizadas tematicamente.

O vocabulário contém as palavras mais comummente usadas
Recomendado como adicional para qualquer curso de línguas
Satisfaz as necessidades dos iniciados e dos alunos avançados de línguas estrangeiras
Conveniente para o uso diário, sessões de revisão e atividades de auto-teste
Permite avaliar o seu vocabulário

Características especias do vocabulário

- As palavras estão organizadas de acordo com o seu significado, e não por ordem alfabética
- As palavras são apresentadas em três colunas para facilitar os processos de revisão e auto-teste
- As palavras compostas são divididas em pequenos blocos para facilitar o processo de aprendizagem
- O vocabulário oferece uma transcrição simples e adequada de cada palavra estrangeira

O vocabulário contém 155 tópicos incluindo:

Conceitos básicos, Números, Cores, Meses, Estações do ano, Unidades de medida, Roupas & Acessórios, Alimentos & Nutrição, Restaurante, Membros da Família, Parentes, Caráter, Sentimentos, Emoções, Doenças, Cidade, Passeios, Compras, Dinheiro, Casa, Lar, Escritório, Trabalho no Escritório, Importação & Exportação, Marketing, Pesquisa de Emprego, Desportos, Educação, Computador, Internet, Ferramentas, Natureza, Países, Nacionalidades e muito mais ...

TABELA DE CONTEÚDOS

Guia de pronunciação	9
Abreviaturas	10

CONCEITOS BÁSICOS 11
Conceitos básicos. Parte 1 11

1. Pronomes 11
2. Cumprimentos. Saudações. Despedidas 11
3. Como se dirigir a alguém 12
4. Números cardinais. Parte 1 12
5. Números cardinais. Parte 2 13
6. Números ordinais 14
7. Números. Frações 14
8. Números. Operações básicas 14
9. Números. Diversos 14
10. Os verbos mais importantes. Parte 1 15
11. Os verbos mais importantes. Parte 2 16
12. Os verbos mais importantes. Parte 3 17
13. Os verbos mais importantes. Parte 4 18
14. Cores 18
15. Questões 19
16. Preposições 20
17. Palavras funcionais. Advérbios. Parte 1 20
18. Palavras funcionais. Advérbios. Parte 2 22

Conceitos básicos. Parte 2 24

19. Dias da semana 24
20. Horas. Dia e noite 24
21. Meses. Estações 25
22. Unidades de medida 27
23. Recipientes 28

O SER HUMANO 29
O ser humano. O corpo 29

24. Cabeça 29
25. Corpo humano 30

Vestuário & Acessórios 31

26. Roupa exterior. Casacos 31
27. Vestuário de homem & mulher 31

28. Vestuário. Roupa interior	32
29. Adereços de cabeça	32
30. Calçado	32
31. Acessórios pessoais	33
32. Vestuário. Diversos	33
33. Cuidados pessoais. Cosméticos	34
34. Relógios de pulso. Relógios	35

Alimentação. Nutrição	**36**
35. Comida	36
36. Bebidas	37
37. Vegetais	38
38. Frutos. Nozes	39
39. Pão. Bolaria	40
40. Pratos cozinhados	40
41. Especiarias	41
42. Refeições	42
43. Por a mesa	43
44. Restaurante	43

Família, parentes e amigos	**44**
45. Informação pessoal. Formulários	44
46. Membros da família. Parentes	44

Medicina	**46**
47. Doenças	46
48. Sintomas. Tratamentos. Parte 1	47
49. Sintomas. Tratamentos. Parte 2	48
50. Sintomas. Tratamentos. Parte 3	49
51. Médicos	50
52. Medicina. Drogas. Acessórios	50

HABITAT HUMANO	**52**
Cidade	**52**
53. Cidade. Vida na cidade	52
54. Instituições urbanas	53
55. Sinais	54
56. Transportes urbanos	55
57. Turismo	56
58. Compras	57
59. Dinheiro	58
60. Correios. Serviço postal	59

Moradia. Casa. Lar	**60**
61. Casa. Eletricidade	60

62. Moradia. Mansão	60
63. Apartamento	60
64. Mobiliário. Interior	61
65. Quarto de dormir	62
66. Cozinha	62
67. Casa de banho	63
68. Eletrodomésticos	64

ATIVIDADES HUMANAS	65
Emprego. Negócios. Parte 1	65

69. Escritório. O trabalho no escritório	65
70. Processos negociais. Parte 1	66
71. Processos negociais. Parte 2	67
72. Produção. Trabalhos	68
73. Contrato. Acordo	69
74. Importação & Exportação	70
75. Finanças	70
76. Marketing	71
77. Publicidade	72
78. Banca	72
79. Telefone. Conversação telefónica	73
80. Telefone móvel	74
81. Estacionário	74
82. Tipos de negócios	75

Emprego. Negócios. Parte 2	77

83. Espetáculo. Feira	77
84. Ciência. Investigação. Cientistas	78

Profissões e ocupações	80

85. Procura de emprego. Demissão	80
86. Gente de negócios	80
87. Profissões de serviços	81
88. Profissões militares e postos	82
89. Oficiais. Padres	83
90. Profissões agrícolas	83
91. Profissões artísticas	84
92. Várias profissões	84
93. Ocupações. Estatuto social	86

Educação	87

94. Escola	87
95. Colégio. Universidade	88
96. Ciências. Disciplinas	89
97. Sistema de escrita. Ortografia	89
98. Línguas estrangeiras	90

Descanso. Entretenimento. Viagens	92
99. Viagens	92
100. Hotel	92

EQUIPAMENTO TÉCNICO. TRANSPORTES	94
Equipamento técnico. Transportes	94
101. Computador	94
102. Internet. E-mail	95
103. Eletricidade	96
104. Ferramentas	96

Transportes	99
105. Avião	99
106. Comboio	100
107. Barco	101
108. Aeroporto	102

Eventos	104
109. Férias. Evento	104
110. Funerais. Enterro	105
111. Guerra. Soldados	105
112. Guerra. Ações militares. Parte 1	107
113. Guerra. Ações militares. Parte 2	108
114. Armas	109
115. Povos da antiguidade	111
116. Idade média	112
117. Líder. Chefe. Autoridades	113
118. Viloação da lei. Criminosos. Parte 1	114
119. Viloação da lei. Criminosos. Parte 2	115
120. Polícia. Lei. Parte 1	116
121. Polícia. Lei. Parte 2	117

NATUREZA	119
A Terra. Parte 1	119
122. Espaço sideral	119
123. A Terra	120
124. Pontos cardeais	121
125. Mar. Oceano	121
126. Nomes de Mares e Oceanos	122
127. Montanhas	123
128. Nomes de montanhas	124
129. Rios	124
130. Nomes de rios	125
131. Floresta	125
132. Recursos naturais	126

A Terra. Parte 2	128
133. Tempo	128
134. Tempo extremo. Catástrofes naturais	129

Fauna	130
135. Mamíferos. Predadores	130
136. Animais selvagens	130
137. Animais domésticos	131
138. Pássaros	132
139. Peixes. Animais marinhos	134
140. Amfíbios. Répteis	134
141. Insetos	135

Flora	136
142. Árvores	136
143. Arbustos	136
144. Frutos. Bagas	137
145. Flores. Plantas	138
146. Cereais, grãos	139

PAÍSES. NACIONALIDADES	140
147. Europa Ocidental	140
148. Europa Central e de Leste	140
149. Países da ex-URSS	141
150. Asia	141
151. América do Norte	142
152. América Central do Sul	142
153. Africa	143
154. Austrália. Oceania	143
155. Cidades	143

GUIA DE PRONUNCIAÇÃO

Alfabeto fonético T&P	Exemplo Persa		Exemplo Português
['] (ayn)	[da'vā]	دعوا	fricativa faríngea sonora
['] (hamza)	[ta'id]	تایید	oclusiva glotal
[a]	[ravad]	رود	chamar
[ā]	[ātaš]	آتش	rapaz
[b]	[bānk]	بانک	barril
[č]	[čand]	چند	Tchau!
[d]	[haštād]	هشتاد	dentista
[e]	[ešq]	عشق	metal
[f]	[fandak]	فندک	safári
[g]	[logo]	لوگو	gosto
[h]	[giyāh]	گیاه	[h] aspirada
[i]	[jazire]	جزیره	sinónimo
[j]	[jašn]	جشن	adjetivo
[k]	[kāj]	کاج	kiwi
[l]	[limu]	لیمو	libra
[m]	[mājarā]	ماجرا	magnólia
[n]	[norvež]	نروژ	natureza
[o]	[golf]	گلف	lobo
[p]	[operā]	اپرا	presente
[q]	[lāqar]	لاغر	agora
[r]	[raqam]	رقم	riscar
[s]	[sup]	سوپ	sanita
[š]	[duš]	دوش	mês
[t]	[tarjome]	ترجمه	tulipa
[u]	[niru]	نیرو	bonita
[v]	[varšow]	ورشو	fava
[w]	[rowšan]	روشن	página web
[x]	[kāx]	کاخ	fricativa uvular surda
[y]	[biyābān]	بیابان	géiser
[z]	[zanjir]	زنجیر	sésamo
[ž]	[žuan]	ژوئن	talvez

ABREVIATURAS
usadas no vocabulário

Abreviaturas do Português

adj	-	adjetivo
adv	-	advérbio
anim.	-	animado
conj.	-	conjunção
desp.	-	desporto
etc.	-	etecetra
ex.	-	por exemplo
f	-	nome feminino
f pl	-	feminino plural
fem.	-	feminino
inanim.	-	inanimado
m	-	nome masculino
m pl	-	masculino plural
m, f	-	masculino, feminino
masc.	-	masculino
mat.	-	matemática
mil.	-	militar
pl	-	plural
prep.	-	preposição
pron.	-	pronome
sb.	-	sobre
sing.	-	singular
v aux	-	verbo auxiliar
vi	-	verbo intransitivo
vi, vt	-	verbo intransitivo, transitivo
vr	-	verbo reflexivo
vt	-	verbo transitivo

CONCEITOS BÁSICOS

Conceitos básicos. Parte 1

1. Pronomes

eu	man	من
tu	to	تو
ele, ela	u	او
nós	mā	ما
vocês	šomā	شما
eles, elas	ān-hā	آنها

2. Cumprimentos. Saudações. Despedidas

Bom dia! (formal)	salām	سلام
Bom dia! (de manhã)	sobh bexeyr	صبح بخیر
Boa tarde!	ruz bexeyr!	روز بخیر!
Boa noite!	asr bexeyr	عصر بخیر
cumprimentar (vt)	salām kardan	سلام کردن
Olá!	salām	سلام
saudação (f)	salām	سلام
saudar (vt)	salām kardan	سلام کردن
Como vai?	haletān četowr ast?	حالتان چطور است؟
Como vais?	četorid?	چطورید؟
O que há de novo?	če xabar?	چه خبر؟
Adeus! (formal)	xodāhāfez	خداحافظ
Até à vista! (informal)	bāy bāy	بای بای
Até breve!	be omid-e didār!	به امید دیدار!
Adeus!	xodāhāfez!	خداحافظ!
despedir-se (vr)	xodāhāfezi kardan	خداحافظی کردن
Até logo!	tā bezudi!	تا بزودی!
Obrigado! -a!	motešakker-am!	متشکرم!
Muito obrigado! -a!	besyār motešakker-am!	بسیار متشکرم!
De nada	xāheš mikonam	خواهش می کنم
Não tem de quê	tašakkor lāzem nist	تشکر لازم نیست
De nada	qābel-i nadārad	قابلی ندارد
Desculpa!	bebaxšid!	ببخشید!
desculpar (vt)	baxšidan	بخشیدن
desculpar-se (vr)	ozr xāstan	عذر خواستن
As minhas desculpas	ozr mixāham	عذرمی خواهم

Desculpe!	bebaxšid!	ببخشید!
perdoar (vt)	baxšidan	بخشیدن
Não faz mal	mohem nist	مهم نیست
por favor	lotfan	لطفاً

Não se esqueça!	farāmuš nakonid!	فراموش نکنید!
Certamente! Claro!	albate!	البته!
Claro que não!	albate ke neh!	البته که نه!
Está bem! De acordo!	besyār xob!	بسیارخوب!
Basta!	bas ast!	بس است!

3. Como se dirigir a alguém

Desculpe (para chamar a atenção)	bebaxšid!	ببخشید!
senhor	āqā	آقا
senhora	xānom	خانم
rapariga	xānom	خانم
rapaz	mard-e javān	مرد جوان
menino	pesar bače	پسر بچه
menina	doxtar bačče	دختربچه

4. Números cardinais. Parte 1

zero	sefr	صفر
um	yek	یک
dois	do	دو
três	se	سه
quatro	čāhār	چهار

cinco	panj	پنج
seis	šeš	شش
sete	haft	هفت
oito	hašt	هشت
nove	neh	نه

dez	dah	ده
onze	yāzdah	یازده
doze	davāzdah	دوازده
treze	sizdah	سیزده
catorze	čāhārdah	چهارده

quinze	pānzdah	پانزده
dezasseis	šānzdah	شانزده
dezassete	hefdah	هفده
dezoito	hijdah	هیجده
dezanove	nuzdah	نوزده

vinte	bist	بیست
vinte e um	bist-o yek	بیست ویک
vinte e dois	bist-o do	بیست ودو
vinte e três	bist-o se	بیست وسه

trinta	si	سی
trinta e um	si-yo yek	سی ویک
trinta e dois	si-yo do	سی ودو
trinta e três	si-yo se	سی وسه
quarenta	čehel	چهل
quarenta e um	čehel-o yek	چهل ویک
quarenta e dois	čehel-o do	چهل ودو
quarenta e três	čehel-o se	چهل وسه
cinquenta	panjāh	پنجاه
cinquenta e um	panjāh-o yek	پنجاه ویک
cinquenta e dois	panjāh-o do	پنجاه ودو
cinquenta e três	panjāh-o se	پنجاه وسه
sessenta	šast	شصت
sessenta e um	šast-o yek	شصت ویک
sessenta e dois	šast-o do	شصت ودو
sessenta e três	šast-o se	شصت وسه
setenta	haftād	هفتاد
setenta e um	haftād-o yek	هفتاد ویک
setenta e dois	haftād-o do	هفتاد ودو
setenta e três	haftād-o se	هفتاد وسه
oitenta	haštād	هشتاد
oitenta e um	haštād-o yek	هشتاد ویک
oitenta e dois	haštād-o do	هشتاد ودو
oitenta e três	haštād-o se	هشتاد وسه
noventa	navad	نود
noventa e um	navad-o yek	نود ویک
noventa e dois	navad-o do	نود ودو
noventa e três	navad-o se	نود وسه

5. Números cardinais. Parte 2

cem	sad	صد
duzentos	devist	دویست
trezentos	sisad	سیصد
quatrocentos	čāhārsad	چهارصد
quinhentos	pānsad	پانصد
seiscentos	šešsad	ششصد
setecentos	haftsad	هفتصد
oitocentos	haštsad	هشتصد
novecentos	nohsad	نهصد
mil	hezār	هزار
dois mil	dohezār	دوهزار
De quem são ...?	se hezār	سه هزار
dez mil	dah hezār	ده هزار
cem mil	sad hezār	صد هزار
um milhão	milyun	میلیون
mil milhões	milyārd	میلیارد

6. Números ordinais

primeiro	avvalin	اولین
segundo	dovvomin	دومین
terceiro	sevvomin	سومین
quarto	čāhāromin	چهارمین
quinto	panjomin	پنجمین
sexto	šešomin	ششمین
sétimo	haftomin	هفتمین
oitavo	haštomin	هشتمین
nono	nohomin	نهمین
décimo	dahomin	دهمین

7. Números. Frações

fração (f)	kasr	کسر
um meio	yek dovvom	یک دوم
um terço	yek sevvom	یک سوم
um quarto	yek čāhārom	یک چهارم
um oitavo	yek panjom	یک هشتم
um décimo	yek dahom	یک دهم
dois terços	do sevvom	دو سوم
três quartos	se čāhārrom	سه چهارم

8. Números. Operações básicas

subtração (f)	tafriq	تفریق
subtrair (vi, vt)	tafriq kardan	تفریق کردن
divisão (f)	taqsim	تقسیم
dividir (vt)	taqsim kardan	تقسیم کردن
adição (f)	jam'	جمع
somar (vt)	jam' kardan	جمع کردن
adicionar (vt)	ezāfe kardan	اضافه کردن
multiplicação (f)	zarb	ضرب
multiplicar (vt)	zarb kardan	ضرب کردن

9. Números. Diversos

algarismo, dígito (m)	raqam	رقم
número (m)	adad	عدد
numeral (m)	adadi	عددی
menos (m)	manfi	منفی
mais (m)	mosbat	مثبت
fórmula (f)	formul	فرمول
cálculo (m)	mohāsebe	محاسبه
contar (vt)	šemordan	شمردن

calcular (vt)	mohāsebe kardan	محاسبه کردن
comparar (vt)	moqāyse kardan	مقایسه کردن
Quanto, -os, -as?	čeqadr?	چقدر؟
soma (f)	jam'-e kol	جمع کل
resultado (m)	natije	نتیجه
resto (m)	bāqimānde	باقیمانده
alguns, algumas ...	čand	چند
um pouco de ...	kami	کمی
resto (m)	baqiye	بقیه
um e meio	yek-o nim	یک و نیم
dúzia (f)	dojin	دوجین
ao meio	be do qesmat	به دو قسمت
em partes iguais	be tāsavi	به تساوی
metade (f)	nim	نیم
vez (f)	daf'e	دفعه

10. Os verbos mais importantes. Parte 1

abrir (vt)	bāz kardan	باز کردن
acabar, terminar (vt)	be pāyān resāndan	به پایان رساندن
aconselhar (vt)	nasihat kardan	نصیحت کردن
adivinhar (vt)	hads zadan	حدس زدن
advertir (vt)	hošdār dādan	هشدار دادن
ajudar (vt)	komak kardan	کمک کردن
almoçar (vi)	nāhār xordan	ناهار خوردن
alugar (~ um apartamento)	ejāre kardan	اجاره کردن
amar (vt)	dust dāštan	دوست داشتن
ameaçar (vt)	tahdid kardan	تهدید کردن
anotar (escrever)	neveštan	نوشتن
apanhar (vt)	gereftan	گرفتن
apressar-se (vr)	ajale kardan	عجله کردن
arrepender-se (vr)	afsus xordan	افسوس خوردن
assinar (vt)	emzā kardan	امضا کردن
atirar, disparar (vi)	tirandāzi kardan	تیراندازی کردن
brincar (vi)	šuxi kardan	شوخی کردن
brincar, jogar (crianças)	bāzi kardan	بازی کردن
buscar (vt)	jostoju kardan	جستجو کردن
caçar (vi)	šekār kardan	شکار کردن
cair (vi)	oftādan	افتادن
cavar (vt)	kandan	کندن
cessar (vt)	bas kardan	بس کردن
chamar (~ por socorro)	komak xāstan	کمک خواستن
chegar (vi)	residan	رسیدن
chorar (vi)	gerye kardan	گریه کردن
começar (vt)	šoru' kardan	شروع کردن
comparar (vt)	moqāyse kardan	مقایسه کردن

compreender (vt)	fahmidan	فهمیدن
concordar (vi)	movāfeqat kardan	موافقت کردن
confiar (vt)	etminān kardan	اطمینان کردن
confundir (equivocar-se)	qāti kardan	قاطی کردن
conhecer (vt)	šenāxtan	شناختن
contar (fazer contas)	šemordan	شمردن
contar com (esperar)	hesāb kardan	حساب کردن
continuar (vt)	edāme dādan	ادامه دادن
controlar (vt)	kontorol kardan	کنترل کردن
convidar (vt)	da'vat kardan	دعوت کردن
correr (vi)	davidan	دویدن
criar (vt)	ijād kardan	ایجاد کردن
custar (vt)	qeymat dāštan	قیمت داشتن

11. Os verbos mais importantes. Parte 2

dar (vt)	dādan	دادن
dar uma dica	sarnax dādan	سرنخ دادن
decorar (enfeitar)	tazyin kardan	تزیین کردن
defender (vt)	defā' kardan	دفاع کردن
deixar cair (vt)	andāxtan	انداختن
descer (para baixo)	pāyin āmadan	پایین آمدن
desculpar (vt)	baxšidan	بخشیدن
desculpar-se (vr)	ozr xāstan	عذر خواستن
dirigir (~ uma empresa)	edāre kardan	اداره کردن
discutir (notícias, etc.)	bahs kardan	بحث کردن
dizer (vt)	goftan	گفتن
duvidar (vt)	šok dāštan	شک داشتن
enganar (vt)	farib dādan	فریب دادن
entrar (na sala, etc.)	vāred šodan	وارد شدن
enviar (uma carta)	ferestādan	فرستادن
errar (equivocar-se)	eštebāh kardan	اشتباه کردن
escolher (vt)	entexāb kardan	انتخاب کردن
esconder (vt)	penhān kardan	پنهان کردن
escrever (vt)	neveštan	نوشتن
esperar (o autocarro, etc.)	montazer budan	منتظر بودن
esperar (ter esperança)	omid dāštan	امید داشتن
esquecer (vt)	farāmuš kardan	فراموش کردن
estudar (vt)	dars xāndan	درس خواندن
exigir (vt)	darxāst kardan	درخواست کردن
existir (vi)	vojud dāštan	وجود داشتن
explicar (vt)	touzih dādan	توضیح دادن
falar (vi)	harf zadan	حرف زدن
faltar (clases, etc.)	qāyeb budan	غایب بودن
fazer (vt)	anjām dādan	انجام دادن
ficar em silêncio	sāket māndan	ساکت ماندن
gabar-se, jactar-se (vr)	be rox kešidan	به رخ کشیدن

gostar (apreciar)	dust dāštan	دوست داشتن
gritar (vi)	faryād zadan	فرياد زدن
guardar (cartas, etc.)	hefz kardan	حفظ كردن
informar (vt)	āgah kardan	آگاه كردن
insistir (vi)	esrār kardan	اصرار كردن
insultar (vt)	towhin kardan	توهين كردن
interessar-se (vr)	alāqe dāštan	علاقه داشتن
ir (a pé)	raftan	رفتن
ir nadar	ābtani kardan	آبتنى كردن
jantar (vi)	šām xordan	شام خوردن

12. Os verbos mais importantes. Parte 3

ler (vt)	xāndan	خواندن
libertar (cidade, etc.)	āzād kardan	آزاد كردن
matar (vt)	koštan	كشتن
mencionar (vt)	zekr kardan	ذكر كردن
mostrar (vt)	nešān dādan	نشان دادن
mudar (modificar)	avaz kardan	عوض كردن
nadar (vi)	šenā kardan	شنا كردن
negar-se a ...	rad kardan	رد كردن
objetar (vt)	moxalefat kardan	مخالفت كردن
observar (vt)	mošāhede kardan	مشاهده كردن
ordenar (mil.)	farmān dādan	فرمان دادن
ouvir (vt)	šenidan	شنيدن
pagar (vt)	pardāxtan	پرداختن
parar (vi)	motevaghef šodan	متوقف شدن
participar (vi)	šerekat kardan	شركت كردن
pedir (comida)	sefāreš dādan	سفارش دادن
pedir (um favor, etc.)	xāstan	خواستن
pegar (tomar)	bardāštan	برداشتن
pensar (vt)	fekr kardan	فكر كردن
perceber (ver)	motevajjeh šodan	متوجه شدن
perdoar (vt)	baxšidan	بخشيدن
perguntar (vt)	porsidan	پرسيدن
permitir (vt)	ejāze dādan	اجازه دادن
pertencer a ...	ta'alloq dāštan	تعلق داشتن
planear (vt)	barnāmerizi kardan	برنامه ريزى كردن
poder (vi)	tavānestan	توانستن
possuir (vt)	sāheb budan	صاحب بودن
preferir (vt)	tarjih dādan	ترجيح دادن
preparar (vt)	poxtan	پختن
prever (vt)	pišbini kardan	پيش بينى كردن
prometer (vt)	qowl dādan	قول دادن
pronunciar (vt)	talaffoz kardan	تلفظ كردن
propor (vt)	pišnahād dādan	پيشنهاد دادن
punir (castigar)	tanbih kardan	تنبيه كردن

13. Os verbos mais importantes. Parte 4

quebrar (vt)	šekastan	شکستن
queixar-se (vr)	šekāyat kardan	شکایت کردن
querer (desejar)	xāstan	خواستن
recomendar (vt)	towsie kardan	توصیه کردن
repetir (dizer outra vez)	tekrār kardan	تکرار کردن
repreender (vt)	da'vā kardan	دعوا کردن
reservar (~ um quarto)	rezerv kardan	رزرو کردن
responder (vt)	javāb dādan	جواب دادن
rezar, orar (vi)	do'ā kardan	دعا کردن
rir (vi)	xandidan	خندیدن
roubar (vt)	dozdidan	دزدیدن
saber (vt)	dānestan	دانستن
sair (~ de casa)	birun raftan	بیرون رفتن
salvar (vt)	najāt dādan	نجات دادن
seguir ...	donbāl kardan	دنبال کردن
sentar-se (vr)	nešastan	نشستن
ser necessário	hāmi budan	حامی بودن
ser, estar	budan	بودن
significar (vt)	ma'ni dāštan	معنی داشتن
sorrir (vi)	labxand zadan	لبخند زدن
subestimar (vt)	dast-e kam gereftan	دست کم گرفتن
surpreender-se (vr)	mote'ajjeb šodan	متعجب شدن
tentar (vt)	talāš kardan	تلاش کردن
ter (vt)	dāštan	داشتن
ter fome	gorosne budan	گرسنه بودن
ter medo	tarsidan	ترسیدن
ter sede	tešne budan	تشنه بودن
tocar (com as mãos)	lams kardan	لمس کردن
tomar o pequeno-almoço	sobhāne xordan	صبحانه خوردن
trabalhar (vi)	kār kardan	کار کردن
traduzir (vt)	tarjome kardan	ترجمه کردن
unir (vt)	mottahed kardan	متحد کردن
vender (vt)	foruxtan	فروختن
ver (vt)	didan	دیدن
virar (ex. ~ à direita)	pičidan	پیچیدن
voar (vi)	parvāz kardan	پرواز کردن

14. Cores

cor (f)	rang	رنگ
matiz (m)	teyf-e rang	طیف رنگ
tom (m)	rangmaye	رنگمایه
arco-íris (m)	rangin kamān	رنگین کمان
branco	sefid	سفید

preto	siyāh	سیاه
cinzento	xākestari	خاکستری
verde	sabz	سبز
amarelo	zard	زرد
vermelho	sorx	سرخ
azul	abi	آبی
azul claro	ābi rowšan	آبی روشن
rosa	surati	صورتی
laranja	nārenji	نارنجی
violeta	banafš	بنفش
castanho	qahve i	قهوه ای
dourado	talāyi	طلایی
prateado	noqre i	نقره ای
bege	baž	بژ
creme	kerem	کرم
turquesa	firuze i	فیروزه ای
vermelho cereja	ālbāluyi	آلبالویی
lilás	banafš yasi	بنفش یاسی
carmesim	zereški	زرشکی
claro	rowšan	روشن
escuro	tire	تیره
vivo	rowšan	روشن
de cor	rangi	رنگی
a cores	rangi	رنگی
preto e branco	siyāh-o sefid	سیاه و سفید
unicolor	yek rang	یک رنگ
multicor	rangārang	رنگارنگ

15. Questões

Quem?	če kas-i?	چه کسی؟
Que?	če čiz-i?	چه چیزی؟
Onde?	kojā?	کجا؟
Para onde?	kojā?	کجا؟
De onde?	az kojā?	از کجا؟
Quando?	če vaqt?	چه وقت؟
Para quê?	čerā?	چرا؟
Porquê?	čerā?	چرا؟
Para quê?	barā-ye če?	برای چه؟
Como?	četor?	چطور؟
Qual?	kodām?	کدام؟
Qual? (entre dois ou mais)	kodām?	کدام؟
A quem?	barā-ye ki?	برای کی؟
Sobre quem?	dar bāre-ye ki?	درباره کی؟
Do quê?	darbāre-ye či?	درباره چی؟
Com quem?	bā ki?	با کی؟

Quanto, -os, -as?	čeqadr?	چقدر؟
De quem?	māl-e ki?	مال کی؟

16. Preposições

com (prep.)	bā	با
sem (prep.)	bedune	بدون
a, para (exprime lugar)	be	به
sobre (ex. falar ~)	rāje' be	راجع به
antes de ...	piš az	پیش از
diante de ...	dar moqābel	در مقابل
sob (debaixo de)	zir	زیر
sobre (em cima de)	bālā-ye	بالای
sobre (~ a mesa)	ruy	روی
de (vir ~ Lisboa)	az	از
de (feito ~ pedra)	az	از
dentro de (~ dez minutos)	tā	تا
por cima de ...	az bālāye	از بالای

17. Palavras funcionais. Advérbios. Parte 1

Onde?	kojā?	کجا؟
aqui	in jā	این جا
lá, ali	ānjā	آنجا
em algum lugar	jā-yi	جایی
em lugar nenhum	hič kojā	هیچ کجا
ao pé de ...	nazdik	نزدیک
ao pé da janela	nazdik panjere	نزدیک پنجره
Para onde?	kojā?	کجا؟
para cá	in jā	این جا
para lá	ānjā	آنجا
daqui	az injā	از اینجا
de lá, dali	az ānjā	از آنجا
perto	nazdik	نزدیک
longe	dur	دور
perto de ...	nazdik	نزدیک
ao lado de	nazdik	نزدیک
perto, não fica longe	nazdik	نزدیک
esquerdo	čap	چپ
à esquerda	dast-e čap	دست چپ
para esquerda	be čap	به چپ
direito	rāst	راست
à direita	dast-e rāst	دست راست

para direita	be rāst	به راست
à frente	jelo	جلو
da frente	jelo	جلو
em frente (para a frente)	jelo	جلو
atrás de ...	aqab	عقب
por detrás (vir ~)	az aqab	از عقب
para trás	aqab	عقب
meio (m), metade (f)	vasat	وسط
no meio	dar vasat	در وسط
de lado	pahlu	پهلو
em todo lugar	hame jā	همه جا
ao redor (olhar ~)	atrāf	اطراف
de dentro	az daxel	از داخل
para algum lugar	jā-yi	جایی
diretamente	mostaqim	مستقیم
de volta	aqab	عقب
de algum lugar	az har jā	از هر جا
de um lugar	az yek jā-yi	از یک جایی
em primeiro lugar	avvalan	اولاً
em segundo lugar	dumā	دوما
em terceiro lugar	sālesan	ثالثاً
de repente	nāgahān	ناگهان
no início	dar avval	در اول
pela primeira vez	barā-ye avvalin bār	برای اولین بار
muito antes de ...	xeyli vaqt piš	خیلی وقت پیش
de novo, novamente	az now	از نو
para sempre	barā-ye hamiše	برای همیشه
nunca	hič vaqt	هیچ وقت
de novo	dobāre	دوباره
agora	alān	الان
frequentemente	aqlab	اغلب
então	ān vaqt	آن وقت
urgentemente	foran	فوراً
usualmente	ma'mulan	معمولاً
a propósito, ...	rāst-i	راستی
é possível	momken ast	ممکن است
provavelmente	ehtemālan	احتمالاً
talvez	šāyad	شاید
além disso, ...	bealāve	بعلاوه
por isso ...	be hamin xāter	به همین خاطر
apesar de ...	alāraqm	علیرغم
graças a ...	be lotf	به لطف
que (pron.)	če?	چه؟
que (conj.)	ke	که
algo	yek čīz-I	یک چیزی
alguma coisa	yek kāri	یک کاری

nada	hič čiz	هیچ چیز
quem	ki	کی
alguém (~ teve uma ideia …)	yek kas-i	یک کسی
alguém	yek kas-i	یک کسی
ninguém	hič kas	هیچ کس
para lugar nenhum	hič kojā	هیچ کجا
de ninguém	māl-e hičkas	مال هیچ کس
de alguém	har kas-i	هر کسی
tão	xeyli	خیلی
também (gostaria ~ de …)	ham	هم
também (~ eu)	ham	هم

18. Palavras funcionais. Advérbios. Parte 2

Porquê?	čerā?	چرا؟
por alguma razão	be dalil-i	به دلیلی
porque …	čon	چون
por qualquer razão	barā-ye maqsudi	برای مقصودی
e (tu ~ eu)	va	و
ou (ser ~ não ser)	yā	یا
mas (porém)	ammā	اما
para (~ a minha mãe)	barā-ye	برای
demasiado, muito	besyār	بسیار
só, somente	faqat	فقط
exatamente	daqiqan	دقیقا
cerca de (~ 10 kg)	taqriban	تقریباً
aproximadamente	taqriban	تقریباً
aproximado	taqribi	تقریبی
quase	taqriban	تقریباً
resto (m)	baqiye	بقیه
o outro (segundo)	digar	دیگر
outro	digar	دیگر
cada	har	هر
qualquer	har	هر
muito	ziyād	زیاد
muitas pessoas	besyāri	بسیاری
todos	hame	همه
em troca de …	dar avaz	در عوض
em troca	dar barābar	در برابر
à mão	dasti	دستی
pouco provável	baid ast	بعید است
provavelmente	ehtemālan	احتمالاً
de propósito	amdan	عمداً
por acidente	tasādofi	تصادفی
muito	besyār	بسیار
por exemplo	masalan	مثلاً

entre	beyn	بین
entre (no meio de)	miyān	میان
tanto	in qadr	این قدر
especialmente	maxsusan	مخصوصاً

Conceitos básicos. Parte 2

19. Dias da semana

segunda-feira (f)	došanbe	دوشنبه
terça-feira (f)	se šanbe	سه شنبه
quarta-feira (f)	čāhāršanbe	چهارشنبه
quinta-feira (f)	panj šanbe	پنج شنبه
sexta-feira (f)	jom'e	جمعه
sábado (m)	šanbe	شنبه
domingo (m)	yek šanbe	یک شنبه
hoje	emruz	امروز
amanhã	fardā	فردا
depois de amanhã	pas fardā	پس فردا
ontem	diruz	دیروز
anteontem	pariruz	پریروز
dia (m)	ruz	روز
dia (m) de trabalho	ruz-e kāri	روز کاری
feriado (m)	ruz-e jašn	روز جشن
dia (m) de folga	ruz-e ta'til	روز تعطیل
fim (m) de semana	āxar-e hafte	آخر هفته
o dia todo	tamām-e ruz	تمام روز
no dia seguinte	ruz-e ba'd	روز بعد
há dois dias	do ruz-e piš	دو روز پیش
na véspera	ruz-e qabl	روز قبل
diário	ruzāne	روزانه
todos os dias	har ruz	هر روز
semana (f)	hafte	هفته
na semana passada	hafte-ye gozašte	هفته گذشته
na próxima semana	hafte-ye āyande	هفته آینده
semanal	haftegi	هفتگی
cada semana	har hafte	هر هفته
duas vezes por semana	do bār dar hafte	دو بار درهفته
cada terça-feira	har sešanbe	هر سه شنبه

20. Horas. Dia e noite

manhã (f)	sobh	صبح
de manhã	sobh	صبح
meio-dia (m)	zohr	ظهر
à tarde	ba'd az zohr	بعد ازظهر
noite (f)	asr	عصر
à noite (noitinha)	asr	عصر

noite (f)	šab	شب
à noite	šab	شب
meia-noite (f)	nesfe šab	نصفه شب
segundo (m)	sānie	ثانیه
minuto (m)	daqiqe	دقیقه
hora (f)	sā'at	ساعت
meia hora (f)	nim sā'at	نیم ساعت
quarto (m) de hora	yek rob'	یک ربع
quinze minutos	pānzdah daqiqe	پانزده دقیقه
vinte e quatro horas	šabāne ruz	شبانه روز
nascer (m) do sol	tolu-'e āftāb	طلوع آفتاب
amanhecer (m)	sahar	سحر
madrugada (f)	sobh-e zud	صبح زود
pôr do sol (m)	qorub	غروب
de madrugada	sobh-e zud	صبح زود
hoje de manhã	emruz sobh	امروز صبح
amanhã de manhã	fardā sobh	فردا صبح
hoje à tarde	emruz zohr	امروز ظهر
à tarde	ba'd az zohr	بعد از ظهر
amanhã à tarde	fardā ba'd az zohr	فردا بعد از ظهر
hoje à noite	emšab	امشب
amanhã à noite	fardā šab	فردا شب
às três horas em ponto	sar-e sā'at-e se	سر ساعت ۳
por volta das quatro	nazdik-e sā'at-e čāhār	نزدیک ساعت ۴
às doze	nazdik zohr	نزدیک ظهر
dentro de vinte minutos	bist daqiqe-ye digar	۲۰ دقیقه دیگر
dentro duma hora	yek sā'at-e digar	یک ساعت دیگر
a tempo	be moqe'	به موقع
menos um quarto	yek rob' be	یک ربع به
durante uma hora	yek sā'at-e digar	یک ساعت دیگر
a cada quinze minutos	har pānzdah daqiqe	هر ۵۱ دقیقه
as vinte e quatro horas	šabāne ruz	شبانه روز

21. Meses. Estações

janeiro (m)	žānvie	ژانویه
fevereiro (m)	fevriye	فوریه
março (m)	mārs	مارس
abril (m)	āvril	آوریل
maio (m)	meh	مه
junho (m)	žuan	ژوئن
julho (m)	žuiye	ژوئیه
agosto (m)	owt	اوت
setembro (m)	septāmbr	سپتامبر
outubro (m)	oktobr	اکتبر

novembro (m)	novāmbr	نوامبر
dezembro (m)	desāmr	دسامبر
primavera (f)	bahār	بهار
na primavera	dar bahār	در بهار
primaveril	bahāri	بهاری
verão (m)	tābestān	تابستان
no verão	dar tābestān	در تابستان
de verão	tābestāni	تابستانی
outono (m)	pāyiz	پاییز
no outono	dar pāyiz	در پاییز
outonal	pāyizi	پاییزی
inverno (m)	zemestān	زمستان
no inverno	dar zemestān	در زمستان
de inverno	zemestāni	زمستانی
mês (m)	māh	ماه
este mês	in māh	این ماه
no próximo mês	māh-e āyande	ماه آینده
no mês passado	māh-e gozašte	ماه گذشته
há um mês	yek māh qabl	یک ماه قبل
dentro de um mês	yek māh digar	یک ماه دیگر
dentro de dois meses	do māh-e digar	۲ ماه دیگر
todo o mês	tamām-e māh	تمام ماه
um mês inteiro	tamām-e māh	تمام ماه
mensal	māhāne	ماهانه
mensalmente	māhāne	ماهانه
cada mês	har māh	هر ماه
duas vezes por mês	do bār dar māh	دو بار در ماه
ano (m)	sāl	سال
este ano	emsāl	امسال
no próximo ano	sāl-e āyande	سال آینده
no ano passado	sāl-e gozašte	سال گذشته
há um ano	yek sāl qabl	یک سال قبل
dentro dum ano	yek sāl-e digar	یک سال دیگر
dentro de 2 anos	do sāl-e digar	۲ سال دیگر
todo o ano	tamām-e sāl	تمام سال
um ano inteiro	tamām-e sāl	تمام سال
cada ano	har sāl	هر سال
anual	sālāne	سالانه
anualmente	sālāne	سالانه
quatro vezes por ano	čāhār bār dar sāl	چهار بار در سال
data (~ de hoje)	tārix	تاریخ
data (ex. ~ de nascimento)	tārix	تاریخ
calendário (m)	taqvim	تقویم
meio ano	nim sāl	نیم سال
seis meses	nim sāl	نیم سال

estação (f)	fasl	فصل
século (m)	qarn	قرن

22. Unidades de medida

peso (m)	vazn	وزن
comprimento (m)	tul	طول
largura (f)	arz	عرض
altura (f)	ertefāʻ	ارتفاع
profundidade (f)	omq	عمق
volume (m)	hajm	حجم
área (f)	masāhat	مساحت
grama (m)	garm	گرم
miligrama (m)	mili geram	میلی گرم
quilograma (m)	kilugeram	کیلوگرم
tonelada (f)	ton	تن
libra (453,6 gramas)	pond	پوند
onça (f)	ons	اونس
metro (m)	metr	متر
milímetro (m)	mili metr	میلی متر
centímetro (m)	sāntimetr	سانتیمتر
quilómetro (m)	kilumetr	کیلومتر
milha (f)	māyel	مایل
polegada (f)	inč	اینچ
pé (304,74 mm)	fowt	فوت
jarda (914,383 mm)	yārd	یارد
metro (m) quadrado	metr morabbaʻ	متر مربع
hectare (m)	hektār	هکتار
litro (m)	litr	لیتر
grau (m)	daraje	درجه
volt (m)	volt	ولت
ampere (m)	āmper	آمپر
cavalo-vapor (m)	asb-e boxār	اسب بخار
quantidade (f)	meqdār	مقدار
um pouco de …	kami	کمی
metade (f)	nim	نیم
dúzia (f)	dojin	دوجین
peça (f)	tā	تا
dimensão (f)	andāze	اندازه
escala (f)	meqyās	مقیاس
mínimo	haddeaqal	حداقل
menor, mais pequeno	kučaktarin	کوچکترین
médio	motevasset	متوسط
máximo	haddeaksar	حداکثر
maior, mais grande	bištarin	بیشترین

23. Recipientes

bolão (m) de vidro	šišeh konserv	شیشه کنسرو
lata (~ de cerveja)	quti	قوطی
balde (m)	satl	سطل
barril (m)	boške	بشکه
bacia (~ de plástico)	tašt	تشت
tanque (m)	maxzan	مخزن
cantil (m) de bolso	qomqome	قمقمه
bidão (m) de gasolina	dabbe	دبه
cisterna (f)	maxzan	مخزن
caneca (f)	livān	لیوان
chávena (f)	fenjān	فنجان
pires (m)	na'lbeki	نعلبکی
copo (m)	estekān	استکان
taça (f) de vinho	gilās-e šarāb	گیلاس شراب
panela, caçarola (f)	qāblame	قابلمه
garrafa (f)	botri	بطری
gargalo (m)	gardan-e botri	گردن بطری
jarro, garrafa (f)	tong	تنگ
jarro (m) de barro	pārč	پارچ
recipiente (m)	zarf	ظرف
pote (m)	sofāl	سفال
vaso (m)	goldān	گلدان
frasco (~ de perfume)	botri	بطری
frasquinho (ex. ~ de iodo)	viyāl	ویال
tubo (~ de pasta dentífrica)	tiyub	تیوب
saca (ex. ~ de açúcar)	kise	کیسه
saco (~ de plástico)	pākat	پاکت
maço (m)	baste	بسته
caixa (~ de sapatos, etc.)	ja'be	جعبه
caixa (~ de madeira)	sanduq	صندوق
cesta (f)	sabad	سبد

O SER HUMANO

O ser humano. O corpo

24. Cabeça

cabeça (f)	sar	سر
cara (f)	surat	صورت
nariz (m)	bini	بینی
boca (f)	dahān	دهان
olho (m)	češm	چشم
olhos (m pl)	češm-hā	چشم ها
pupila (f)	mardomak	مردمک
sobrancelha (f)	abru	ابرو
pestana (f)	može	مژه
pálpebra (f)	pelek	پلک
língua (f)	zabān	زبان
dente (m)	dandān	دندان
lábios (m pl)	lab-hā	لب ها
maçãs (f pl) do rosto	ostexānhā-ye gune	استخوان های گونه
gengiva (f)	lase	لثه
palato (m)	saqf-e dahān	سقف دهان
narinas (f pl)	surāxhā-ye bini	سوراخ های بینی
queixo (m)	čāne	چانه
mandíbula (f)	fak	فک
bochecha (f)	gune	گونه
testa (f)	pišāni	پیشانی
têmpora (f)	gijgāh	گیجگاه
orelha (f)	guš	گوش
nuca (f)	pas gardan	پس گردن
pescoço (m)	gardan	گردن
garganta (f)	galu	گلو
cabelos (m pl)	mu-hā	مو ها
penteado (m)	model-e mu	مدل مو
corte (m) de cabelo	model-e mu	مدل مو
peruca (f)	kolāh-e gis	کلاه گیس
bigode (m)	sebil	سبیل
barba (f)	riš	ریش
usar, ter (~ barba, etc.)	gozāštan	گذاشتن
trança (f)	muy-ye bāfte	موی بافته
suíças (f pl)	xatt-e riš	خط ریش
ruivo	muqermez	موقرمز
grisalho	sefid-e mu	سفید مو

calvo	tās	طاس
calva (f)	tāsi	طاسی
rabo-de-cavalo (m)	dom-e asbi	دم اسبی
franja (f)	čatri	چتری

25. Corpo humano

mão (f)	dast	دست
braço (m)	bāzu	بازو
dedo (m)	angošt	انگشت
dedo (m) do pé	šast-e pā	شصت پا
polegar (m)	šost	شست
dedo (m) mindinho	angošt-e kučak	انگشت کوچک
unha (f)	nāxon	ناخن
punho (m)	mošt	مشت
palma (f) da mão	kaf-e dast	کف دست
pulso (m)	moč-e dast	مچ دست
antebraço (m)	sā'ed	ساعد
cotovelo (m)	āranj	آرنج
ombro (m)	ketf	کتف
perna (f)	pā	پا
pé (m)	pā	پا
joelho (m)	zānu	زانو
barriga (f) da perna	sāq	ساق
anca (f)	rān	ران
calcanhar (m)	pāšne-ye pā	پاشنهٔ پا
corpo (m)	badan	بدن
barriga (f)	šekam	شکم
peito (m)	sine	سینه
seio (m)	sine	سینه
lado (m)	pahlu	پهلو
costas (f pl)	pošt	پشت
região (f) lombar	kamar	کمر
cintura (f)	dur-e kamar	دور کمر
umbigo (m)	nāf	ناف
nádegas (f pl)	nešiman-e gāh	نشیمن گاه
traseiro (m)	bāsan	باسن
sinal (m)	xāl	خال
sinal (m) de nascença	xāl-e mādarzād	خال مادرزاد
tatuagem (f)	xāl kubi	خال کوبی
cicatriz (f)	jā-ye zaxm	جای زخم

Vestuário & Acessórios

26. Roupa exterior. Casacos

roupa (f)	lebās	لباس
roupa (f) exterior	lebās-e ru	لباس رو
roupa (f) de inverno	lebās-e zemestāni	لباس زمستانی
sobretudo (m)	pāltow	پالتو
casaco (m) de peles	pālto-ye pustin	پالتوی پوستین
casaco curto (m) de peles	kot-e pustin	کت پوستین
casaco (m) acolchoado	kāpšan	کاپشن
casaco, blusão (m)	kot	کت
impermeável (m)	bārāni	بارانی
impermeável	zed-e āb	ضد آب

27. Vestuário de homem & mulher

camisa (f)	pirāhan	پیراهن
calças (f pl)	šalvār	شلوار
calças (f pl) de ganga	jin	جین
casaco (m) de fato	kot	کت
fato (m)	kat-o šalvār	کت و شلوار
vestido (ex. ~ vermelho)	lebās	لباس
saia (f)	dāman	دامن
blusa (f)	boluz	بلوز
casaco (m) de malha	jeliqe-ye kešbāf	جلیقه کشباف
casaco, blazer (m)	kot	کت
T-shirt, camiseta (f)	tey šarr-at	تی شرت
calções (Bermudas, etc.)	šalvarak	شلوارک
fato (m) de treino	lebās-e varzeši	لباس ورزشی
roupão (m) de banho	howle-ye hamām	حوله حمام
pijama (m)	pižāme	پیژامه
suéter (m)	poliver	پلیور
pulôver (m)	poliver	پلیور
colete (m)	jeliqe	جلیقه
fraque (m)	kat-e dāman gerd	کت دامن گرد
smoking (m)	esmoking	اسموکینگ
uniforme (m)	oniform	اونیفورم
roupa (f) de trabalho	lebās-e kār	لباس کار
fato-macaco (m)	rupuš	روپوش
bata (~ branca, etc.)	rupuš	روپوش

28. Vestuário. Roupa interior

roupa (f) interior	lebās-e zir	لباس زیر
cuecas boxer (f pl)	šort-e bākser	شورت باکسر
cuecas (f pl)	šort-e zanāne	شورت زنانه
camisola (f) interior	zir-e pirāhan-i	زیر پیراهنی
peúgas (f pl)	jurāb	جوراب
camisa (f) de noite	lebās-e xāb	لباس خواب
sutiã (m)	sine-ye band	سینه بند
meias longas (f pl)	sāq	ساق
meia-calça (f)	jurāb-e šalvāri	جوراب شلواری
meias (f pl)	jurāb-e sāqeboland	جوراب ساقه بلند
fato (m) de banho	māyo	مایو

29. Adereços de cabeça

chapéu (m)	kolāh	کلاه
chapéu (m) de feltro	šāpo	شاپو
boné (m) de beisebol	kolāh beysbāl	کلاه بیس بال
boné (m)	kolāh-e taxt	کلاه تخت
boina (f)	kolāh barre	کلاه بره
capuz (m)	kolāh-e bārāni	کلاه بارانی
panamá (m)	kolāh-e dowre-ye boland	کلاه دوره بلند
gorro (m) de malha	kolāh-e bāftani	کلاه بافتنی
lenço (m)	rusari	روسری
chapéu (m) de mulher	kolāh-e zanāne	کلاه زنانه
capacete (m) de proteção	kolāh-e imeni	کلاه ایمنی
bibico (m)	kolāh-e pādegān	کلاه پادگان
capacete (m)	kolāh-e imeni	کلاه ایمنی
chapéu-coco (m)	kolāh-e namadi	کلاه نمدی
chapéu (m) alto	kolāh-e ostovānei	کلاه استوانه ای

30. Calçado

calçado (m)	kafš	کفش
botinas (f pl)	putin	پوتین
sapatos (de salto alto, etc.)	kafš	کفش
botas (f pl)	čakme	چکمه
pantufas (f pl)	dampāyi	دمپایی
ténis (m pl)	kafš katān-i	کفش کتانی
sapatilhas (f pl)	kafš katān-i	کفش کتانی
sandálias (f pl)	sandal	صندل
sapateiro (m)	kaffāš	کفاش
salto (m)	pāšne-ye kafš	پاشنهٔ کفش

par (m)	yek joft	یک جفت
atacador (m)	band-e kafš	بند کفش
apertar os atacadores	band-e kafš bastan	بند کفش بستن
calçadeira (f)	pāšne keš	پاشنه کش
graxa (f) para calçado	vāks	واکس

31. Acessórios pessoais

luvas (f pl)	dastkeš	دستکش
mitenes (f pl)	dastkeš-e yek angošti	دستکش یک انگشتی
cachecol (m)	šāl-e gardan	شال گردن
óculos (m pl)	eynak	عینک
armação (f) de óculos	qāb	قاب
guarda-chuva (m)	čatr	چتر
bengala (f)	asā	عصا
escova (f) para o cabelo	bores-e mu	برس مو
leque (m)	bādbezan	بادبزن
gravata (f)	kerāvāt	کراوات
gravata-borboleta (f)	pāpiyon	پاپیون
suspensórios (m pl)	band šalvār	بند شلوار
lenço (m)	dastmāl	دستمال
pente (m)	šāne	شانه
travessão (m)	sanjāq-e mu	سنجاق مو
gancho (m) de cabelo	sanjāq-e mu	سنجاق مو
fivela (f)	sagak	سگک
cinto (m)	kamarband	کمربند
correia (f)	tasme	تسمه
mala (f)	keyf	کیف
mala (f) de senhora	keyf-e zanāne	کیف زنانه
mochila (f)	kule pošti	کوله پشتی

32. Vestuário. Diversos

moda (f)	mod	مد
na moda	mod	مد
estilista (m)	tarrāh-e lebas	طراح لباس
colarinho (m), gola (f)	yaqe	یقه
bolso (m)	jib	جیب
de bolso	jibi	جیبی
manga (f)	āstin	آستین
alcinha (f)	band-e āviz	بند آویز
braguilha (f)	zip	زیپ
fecho (m) de correr	zip	زیپ
fecho (m), colchete (m)	sagak	سگک
botão (m)	dokme	دکمه

casa (f) de botão	surāx-e dokme	سوراخ دکمه
soltar-se (vr)	kande šodan	کنده شدن

coser, costurar (vi)	duxtan	دوختن
bordar (vt)	golduzi kardan	گلدوزی کردن
bordado (m)	golduzi	گلدوزی
agulha (f)	suzan	سوزن
fio (m)	nax	نخ
costura (f)	darz	درز

sujar-se (vr)	kasif šodan	کثیف شدن
mancha (f)	lakke	لکه
engelhar-se (vr)	čoruk šodan	چروک شدن
rasgar (vt)	pāre kardan	پاره کردن
traça (f)	šab parre	شب پره

33. Cuidados pessoais. Cosméticos

pasta (f) de dentes	xamir-e dandān	خمیر دندان
escova (f) de dentes	mesvāk	مسواک
escovar os dentes	mesvāk zadan	مسواک زدن

máquina (f) de barbear	tiq	تیغ
creme (m) de barbear	kerem-e riš tarāši	کرم ریش تراشی
barbear-se (vr)	riš tarāšidan	ریش تراشیدن

sabonete (m)	sābun	صابون
champô (m)	šāmpu	شامپو

tesoura (f)	qeyči	قیچی
lima (f) de unhas	sohan-e nāxon	سوهان ناخن
corta-unhas (m)	nāxon gir	ناخن گیر
pinça (f)	mučin	موچین

cosméticos (m pl)	lavāzem-e ārāyeši	لوازم آرایشی
máscara (f) facial	māsk	ماسک
manicura (f)	mānikur	مانیکور
fazer a manicura	mānikur kardan	مانیکور کردن
pedicure (f)	pedikur	پدیکور

mala (f) de maquilhagem	kife lavāzem-e ārāyeši	کیف لوازم آرایشی
pó (m)	pudr	پودر
caixa (f) de pó	ja'be-ye pudr	جعبهٔ پودر
blush (m)	sorxāb	سرخاب

perfume (m)	atr	عطر
água (f) de toilette	atr	عطر
loção (f)	losiyon	لوسیون
água-de-colónia (f)	odkolon	اودکلن

sombra (f) de olhos	sāye-ye češm	سایه چشم
lápis (m) delineador	medād čašm	مداد چشم
máscara (f), rímel (m)	rimel	ریمل
batom (m)	mātik	ماتیک

verniz (m) de unhas	lāk-e nāxon	لاک ناخن
laca (f) para cabelos	esperey-ye mu	اسپری مو
desodorizante (m)	deodyrant	دئودورانت
creme (m)	kerem	کرم
creme (m) de rosto	kerem-e surat	کرم صورت
creme (m) de mãos	kerem-e dast	کرم دست
creme (m) antirrugas	kerem-e zedd-e čoruk	کرم ضد چروک
creme (m) de dia	kerem-e ruz	کرم روز
creme (m) de noite	kerem-e šab	کرم شب
de dia	ruzāne	روزانه
da noite	šab	شب
tampão (m)	tāmpon	تامپون
papel (m) higiénico	kāqaz-e tuālet	کاغذ توالت
secador (m) elétrico	sešovār	سشوار

34. Relógios de pulso. Relógios

relógio (m) de pulso	sā'at-e moči	ساعت مچی
mostrador (m)	safhe-ye sā'at	صفحهٔ ساعت
ponteiro (m)	aqrabe	عقربه
bracelete (f) em aço	band-e sāat	بند ساعت
bracelete (f) em couro	band-e čarmi	بند چرمی
pilha (f)	bātri	باطری
descarregar-se	tamām šodan bātri	تمام شدن باتری
trocar a pilha	bātri avaz kardan	باطری عوض کردن
estar adiantado	jelo oftādan	جلو افتادن
estar atrasado	aqab māndan	عقب ماندن
relógio (m) de parede	sā'at-e divāri	ساعت دیواری
ampulheta (f)	sā'at-e šeni	ساعت شنی
relógio (m) de sol	sā'at-e āftābi	ساعت آفتابی
despertador (m)	sā'at-e zang dār	ساعت زنگ دار
relojoeiro (m)	sā'at sāz	ساعت ساز
reparar (vt)	ta'mir kardan	تعمیر کردن

Alimentação. Nutrição

35. Comida

Português	Transliteração	Persa
carne (f)	gušt	گوشت
galinha (f)	morq	مرغ
frango (m)	juje	جوجه
pato (m)	ordak	اردک
ganso (m)	qāz	غاز
caça (f)	gušt-e šekār	گوشت شکار
peru (m)	gušt-e buqalamun	گوشت بوقلمون
carne (f) de porco	gušt-e xuk	گوشت خوک
carne (f) de vitela	gušt-e gusāle	گوشت گوساله
carne (f) de carneiro	gušt-e gusfand	گوشت گوسفند
carne (f) de vaca	gušt-e gāv	گوشت گاو
carne (f) de coelho	xarguš	خرگوش
chouriço, salsichão (m)	kālbās	کالباس
salsicha (f)	sosis	سوسیس
bacon (m)	beykon	بیکن
fiambre (f)	žāmbon	ژامبون
presunto (m)	rān xuk	ران خوک
patê (m)	pāte	پاته
fígado (m)	jegar	جگر
carne (f) moída	hamberger	همبرگر
língua (f)	zabān	زبان
ovo (m)	toxm-e morq	تخم مرغ
ovos (m pl)	toxm-e morq-ha	تخم مرغ ها
clara (f) do ovo	sefide-ye toxm-e morq	سفیده تخم مرغ
gema (f) do ovo	zarde-ye toxm-e morq	زرده تخم مرغ
peixe (m)	māhi	ماهی
mariscos (m pl)	qazā-ye daryāyi	غذای دریایی
crustáceos (m pl)	saxtpustān	سختپوستان
caviar (m)	xāviār	خاویار
caranguejo (m)	xarčang	خرچنگ
camarão (m)	meygu	میگو
ostra (f)	sadaf-e xorāki	صدف خوراکی
lagosta (f)	xarčang-e xārdār	خرچنگ خاردار
polvo (m)	hašt pā	هشت پا
lula (f)	māhi-ye morakkab	ماهی مرکب
esturjão (m)	māhi-ye xāviār	ماهی خاویار
salmão (m)	māhi-ye salemon	ماهی سالمون
halibute (m)	halibut	هالیبوت
bacalhau (m)	māhi-ye rowqan	ماهی روغن

cavala, sarda (f)	māhi-ye esqumeri	ماهی اسقومری
atum (m)	tan māhi	تن ماهی
enguia (f)	mārmāhi	مارماهی
truta (f)	māhi-ye qezelālā	ماهی قزل آلا
sardinha (f)	sārdin	ساردین
lúcio (m)	ordak māhi	اردک ماهی
arenque (m)	māhi-ye šur	ماهی شور
pão (m)	nān	نان
queijo (m)	panir	پنیر
açúcar (m)	qand	قند
sal (m)	namak	نمک
arroz (m)	berenj	برنج
massas (f pl)	mākāroni	ماکارونی
talharim (m)	rešte-ye farangi	رشته فرنگی
manteiga (f)	kare	کره
óleo (m) vegetal	rowqan-e nabāti	روغن نباتی
óleo (m) de girassol	rowqan āftābgardān	روغن آفتاب گردان
margarina (f)	mārgārin	مارگارین
azeitonas (f pl)	zeytun	زیتون
azeite (m)	rowqan-e zeytun	روغن زیتون
leite (m)	šir	شیر
leite (m) condensado	šir-e čegāl	شیر چگال
iogurte (m)	mās-at	ماست
nata (f) azeda	xāme-ye torš	خامه ترش
nata (f) do leite	saršir	سرشیر
maionese (f)	māyonez	مایونز
creme (m)	xāme	خامه
grãos (m pl) de cereais	hobubāt	حبوبات
farinha (f)	ārd	آرد
enlatados (m pl)	konserv-hā	کنسرو ها
flocos (m pl) de milho	bereštuk	برشتوک
mel (m)	asal	عسل
doce (m)	morabbā	مربا
pastilha (f) elástica	ādāms	آدامس

36. Bebidas

água (f)	āb	آب
água (f) potável	āb-e āšāmidani	آب آشامیدنی
água (f) mineral	āb-e ma'dani	آب معدنی
sem gás	bedun-e gāz	بدون گاز
gaseificada	gāzdār	گازدار
com gás	gāzdār	گازدار
gelo (m)	yax	یخ

com gelo	yax dār	یخ دار
sem álcool	bi alkol	بی الکل
bebida (f) sem álcool	nušābe-ye bi alkol	نوشابهٔ بی الکل
refresco (m)	nušābe-ye xonak	نوشابهٔ خنک
limonada (f)	limunād	لیموناد
bebidas (f pl) alcoólicas	mašrubāt-e alkoli	مشروبات الکلی
vinho (m)	šarāb	شراب
vinho (m) branco	šarāb-e sefid	شراب سفید
vinho (m) tinto	šarāb-e sorx	شراب سرخ
licor (m)	likor	لیکور
champanhe (m)	šāmpāyn	شامپاین
vermute (m)	vermut	ورموت
uísque (m)	viski	ویسکی
vodka (f)	vodkā	ودکا
gim (m)	jin	جین
conhaque (m)	konyāk	کنیاک
rum (m)	araq-e neyšekar	عرق نیشکر
café (m)	qahve	قهوه
café (m) puro	qahve-ye talx	قهوهٔ تلخ
café (m) com leite	šir-qahve	شیرقهوه
cappuccino (m)	kāpočino	کاپوچینو
café (m) solúvel	qahve-ye fowri	قهوهٔ فوری
leite (m)	šir	شیر
coquetel (m)	kuktel	کوکتل
batido (m) de leite	kuktele šir	کوکتل شیر
sumo (m)	āb-e mive	آب میوه
sumo (m) de tomate	āb-e gowjefarangi	آب گوجه فرنگی
sumo (m) de laranja	āb-e porteqāl	آب پرتقال
sumo (m) fresco	āb-e mive-ye taze	آب میوهٔ تازه
cerveja (f)	ābejow	آبجو
cerveja (f) clara	ābejow-ye sabok	آبجوی سبک
cerveja (f) preta	ābejow-ye tire	آبجوی تیره
chá (m)	čāy	چای
chá (m) preto	čāy-e siyāh	چای سیاه
chá (m) verde	čāy-e sabz	چای سبز

37. Vegetais

legumes (m pl)	sabzijāt	سبزیجات
verduras (f pl)	sabzi	سبزی
tomate (m)	gowje farangi	گوجه فرنگی
pepino (m)	xiyār	خیار
cenoura (f)	havij	هویج
batata (f)	sib zamini	سیب زمینی
cebola (f)	piyāz	پیاز

alho (m)	sir	سیر
couve (f)	kalam	کلم
couve-flor (f)	gol kalam	گل کلم
couve-de-bruxelas (f)	koll-am boruksel	کلم بروکسل
brócolos (m pl)	kalam borokli	کلم بروکلی
beterraba (f)	čoqondar	چغندر
beringela (f)	bādenjān	بادنجان
curgete (f)	kadu sabz	کدو سبز
abóbora (f)	kadu tanbal	کدو تنبل
nabo (m)	šalqam	شلغم
salsa (f)	ja'fari	جعفری
funcho, endro (m)	šavid	شوید
alface (f)	kāhu	کاهو
aipo (m)	karafs	کرفس
espargo (m)	mārčube	مارچوبه
espinafre (m)	esfenāj	اسفناج
ervilha (f)	noxod	نخود
fava (f)	lubiyā	لوبیا
milho (m)	zorrat	ذرت
feijão (m)	lubiyā qermez	لوبیا قرمز
pimentão (m)	felfel	فلفل
rabanete (m)	torobče	ترپچه
alcachofra (f)	kangar farangi	کنگرفرنگی

38. Frutos. Nozes

fruta (f)	mive	میوه
maçã (f)	sib	سیب
pera (f)	golābi	گلابی
limão (m)	limu	لیمو
laranja (f)	porteqāl	پرتقال
morango (m)	tut-e farangi	توت فرنگی
tangerina (f)	nārengi	نارنگی
ameixa (f)	ālu	آلو
pêssego (m)	holu	هلو
damasco (m)	zardālu	زردآلو
framboesa (f)	tamešk	تمشک
ananás (m)	ānānās	آناناس
banana (f)	mowz	موز
melancia (f)	hendevāne	هندوانه
uva (f)	angur	انگور
ginja (f)	ālbālu	آلبالو
cereja (f)	gilās	گیلاس
meloa (f)	xarboze	خربزه
toranja (f)	gerip forut	گریپ فوروت
abacate (m)	āvokādo	اووکادو
papaia (f)	pāpāyā	پاپایا

manga (f)	anbe	انبه
romã (f)	anār	انار

groselha (f) vermelha	angur-e farangi-ye sorx	انگور فرنگی سرخ
groselha (f) preta	angur-e farangi-ye siyāh	انگور فرنگی سیاه
groselha (f) espinhosa	angur-e farangi	انگور فرنگی
mirtilo (m)	zoqāl axte	زغال اخته
amora silvestre (f)	šāh tut	شاه توت

uvas (f pl) passas	kešmeš	کشمش
figo (m)	anjir	انجیر
tâmara (f)	xormā	خرما

amendoim (m)	bādām zamin-i	بادام زمینی
amêndoa (f)	bādām	بادام
noz (f)	gerdu	گردو
avelã (f)	fandoq	فندق
coco (m)	nārgil	نارگیل
pistáchios (m pl)	peste	پسته

39. Pão. Bolaria

pastelaria (f)	širini jāt	شیرینی جات
pão (m)	nān	نان
bolacha (f)	biskuit	بیسکویت

chocolate (m)	šokolāt	شکلات
de chocolate	šokolāti	شکلاتی
rebuçado (m)	āb nabāt	آب نبات
bolo (cupcake, etc.)	nān-e širini	نان شیرینی
bolo (m) de aniversário	širini	شیرینی

tarte (~ de maçã)	keyk	کیک
recheio (m)	čāšni	چاشنی

doce (m)	morabbā	مربا
geleia (f) de frutas	mārmālād	مارمالاد
waffle (m)	vāfel	وافل
gelado (m)	bastani	بستنی
pudim (m)	puding	پودینگ

40. Pratos cozinhados

prato (m)	qazā	غذا
cozinha (~ portuguesa)	qazā	غذا
receita (f)	dastur-e poxt	دستور پخت
porção (f)	pors	پرس

salada (f)	sālād	سالاد
sopa (f)	sup	سوپ
caldo (m)	pāye-ye sup	پایه سوپ
sandes (f)	sāndevič	ساندویچ

ovos (m pl) estrelados	nimru	نیمرو
hambúrguer (m)	hamberger	همبرگر
bife (m)	esteyk	استیک
conduto (m)	moxallafāt	مخلفات
espaguete (m)	espāgeti	اسپاگتی
puré (m) de batata	pure-ye sibi zamini	پورهٔ سیب زمینی
pizza (f)	pitzā	پیتزا
papa (f)	šurbā	شوربا
omelete (f)	ommol-at	املت
cozido em água	āb paz	آب پز
fumado	dudi	دودی
frito	sorx šode	سرخ شده
seco	xošk	خشک
congelado	yax zade	یخ زده
em conserva	torši	ترشی
doce (açucarado)	širin	شیرین
salgado	šur	شور
frio	sard	سرد
quente	dāq	داغ
amargo	talx	تلخ
gostoso	xoš mazze	خوش مزه
cozinhar (em água a ferver)	poxtan	پختن
fazer, preparar (vt)	poxtan	پختن
fritar (vt)	sorx kardan	سرخ کردن
aquecer (vt)	garm kardan	گرم کردن
salgar (vt)	namak zadan	نمک زدن
apimentar (vt)	felfel pāšidan	فلفل پاشیدن
ralar (vt)	rande kardan	رنده کردن
casca (f)	pust	پوست
descascar (vt)	pust kandan	پوست کندن

41. Especiarias

sal (m)	namak	نمک
salgado	šur	شور
salgar (vt)	namak zadan	نمک زدن
pimenta (f) preta	felfel-e siyāh	فلفل سیاه
pimenta (f) vermelha	felfel-e sorx	فلفل سرخ
mostarda (f)	xardal	خردل
raiz-forte (f)	torob-e kuhi	ترب کوهی
condimento (m)	adviye	ادویه
especiaria (f)	adviye	ادویه
molho (m)	ses	سس
vinagre (m)	serke	سرکه
anis (m)	rāziyāne	رازیانه
manjericão (m)	reyhān	ریحان

cravo (m)	mixak	میخک
gengibre (m)	zanjefil	زنجفیل
coentro (m)	gešniz	گشنیز
canela (f)	dārčin	دارچین
sésamo (m)	konjed	کنجد
folhas (f pl) de louro	barg-e bu	برگ بو
páprica (f)	paprika	پاپریکا
cominho (m)	zire	زیره
açafrão (m)	za'ferān	زعفران

42. Refeições

comida (f)	qazā	غذا
comer (vt)	xordan	خوردن
pequeno-almoço (m)	sobhāne	صبحانه
tomar o pequeno-almoço	sobhāne xordan	صبحانه خوردن
almoço (m)	nāhār	ناهار
almoçar (vi)	nāhār xordan	ناهار خوردن
jantar (m)	šām	شام
jantar (vi)	šām xordan	شام خوردن
apetite (m)	eštehā	اشتها
Bom apetite!	nuš-e jān	نوش جان
abrir (~ uma lata, etc.)	bāz kardan	باز کردن
derramar (vt)	rixtan	ریختن
derramar-se (vr)	rixtan	ریختن
ferver (vi)	jušidan	جوشیدن
ferver (vt)	jušāndan	جوشاندن
fervido	jušide	جوشیده
arrefecer (vt)	sard kardan	سرد کردن
arrefecer-se (vr)	sard šodan	سرد شدن
sabor, gosto (m)	maze	مزه
gostinho (m)	maze	مزه
fazer dieta	lāqar kardan	لاغر کردن
dieta (f)	režim	رژیم
vitamina (f)	vitāmin	ویتامین
caloria (f)	kālori	کالری
vegetariano (m)	giyāh xār	گیاه خوار
vegetariano	giyāh xāri	گیاه خواری
gorduras (f pl)	čarbi-hā	چربی ها
proteínas (f pl)	porotein	پروتئین
carboidratos (m pl)	karbohidrāt-hā	کربو هیدرات ها
fatia (~ de limão, etc.)	qet'e	قطعه
pedaço (~ de bolo)	tekke	تکه
migalha (f)	zarre	ذره

43. Por a mesa

colher (f)	qāšoq	قاشق
faca (f)	kārd	کارد
garfo (m)	čangāl	چنگال
chávena (f)	fenjān	فنجان
prato (m)	bošqāb	بشقاب
pires (m)	na'lbeki	نعلبکی
guardanapo (m)	dastmāl	دستمال
palito (m)	xelāl-e dandān	خلال دندان

44. Restaurante

restaurante (m)	resturān	رستوران
café (m)	kāfe	کافه
bar (m), cervejaria (f)	bār	بار
salão (m) de chá	qahve xāne	قهوه خانه
empregado (m) de mesa	pišxedmat	پیشخدمت
empregada (f) de mesa	pišxedmat	پیشخدمت
barman (m)	motesaddi-ye bār	متصدی بار
ementa (f)	meno	منو
lista (f) de vinhos	kārt-e šarāb	کارت شراب
reservar uma mesa	miz rezerv kardan	میز رزرو کردن
prato (m)	qazā	غذا
pedir (vt)	sefāreš dādan	سفارش دادن
fazer o pedido	sefāreš dādan	سفارش دادن
aperitivo (m)	mašrub-e piš qazā	مشروب پیش غذا
entrada (f)	piš qazā	پیش غذا
sobremesa (f)	deser	دسر
conta (f)	surat hesāb	صورت حساب
pagar a conta	surat-e hesāb rā pardāxtan	صورت حساب را پرداختن
dar o troco	baqiye rā dādan	بقیه را دادن
gorjeta (f)	an'ām	انعام

Família, parentes e amigos

45. Informação pessoal. Formulários

nome (m)	esm	اسم
apelido (m)	nām-e xānevādegi	نام خانوادگی
data (f) de nascimento	tārix-e tavallod	تاریخ تولد
local (m) de nascimento	mahall-e tavallod	محل تولد
nacionalidade (f)	melliyat	ملیت
lugar (m) de residência	mahall-e sokunat	محل سکونت
país (m)	kešvar	کشور
profissão (f)	šoql	شغل
sexo (m)	jens	جنس
estatura (f)	qad	قد
peso (m)	vazn	وزن

46. Membros da família. Parentes

mãe (f)	mādar	مادر
pai (m)	pedar	پدر
filho (m)	pesar	پسر
filha (f)	doxtar	دختر
filha (f) mais nova	doxtar-e kučak	دختر کوچک
filho (m) mais novo	pesar-e kučak	پسر کوچک
filha (f) mais velha	doxtar-e bozorg	دختر بزرگ
filho (m) mais velho	pesar-e bozorg	پسر بزرگ
irmão (m)	barādar	برادر
irmão (m) mais velho	barādar-e bozorg	برادر بزرگ
irmão (m) mais novo	barādar-e kučak	برادر کوچک
irmã (f)	xāhar	خواهر
irmã (f) mais velha	xāhar-e bozorg	خواهر بزرگ
irmã (f) mais nova	xāhar-e kučak	خواهر کوچک
primo (m)	pesar 'amu	پسر عمو
prima (f)	doxtar amu	دختر عمو
mamã (f)	māmān	مامان
papá (m)	bābā	بابا
pais (pl)	vāledeyn	والدین
criança (f)	kudak	کودک
crianças (f pl)	bače-hā	بچه ها
avó (f)	mādarbozorg	مادربزرگ
avô (m)	pedar-bozorg	پدربزرگ

neto (m)	nave	نوه
neta (f)	nave	نوه
netos (pl)	nave-hā	نوه ها
tio (m)	amu	عمو
tia (f)	xāle yā amme	خاله یا عمه
sobrinho (m)	barādar-zāde	برادرزاده
sobrinha (f)	xāhar-zāde	خواهرزاده
sogra (f)	mādarzan	مادرزن
sogro (m)	pedar-šowhar	پدرشوهر
genro (m)	dāmād	داماد
madrasta (f)	nāmādari	نامادری
padrasto (m)	nāpedari	ناپدری
criança (f) de colo	nowzād	نوزاد
bebé (m)	širxār	شیرخوار
menino (m)	pesar-e kučulu	پسر کوچولو
mulher (f)	zan	زن
marido (m)	šowhar	شوهر
esposo (m)	hamsar	همسر
esposa (f)	hamsar	همسر
casado	mote'ahhel	متاهل
casada	mote'ahhel	متاهل
solteiro	mojarrad	مجرد
solteirão (m)	mojarrad	مجرد
divorciado	talāq gerefte	طلاق گرفته
viúva (f)	bive zan	بیوه زن
viúvo (m)	bive	بیوه
parente (m)	xišāvand	خویشاوند
parente (m) próximo	aqvām-e nazdik	اقوام نزدیک
parente (m) distante	aqvām-e dur	اقوام دور
parentes (m pl)	aqvām	اقوام
órfão (m), órfã (f)	yatim	یتیم
tutor (m)	qayyem	قیم
adotar (um filho)	be pesari gereftan	به پسری گرفتن
adotar (uma filha)	be doxtari gereftan	به دختری گرفتن

Medicina

47. Doenças

doença (f)	bimāri	بیماری
estar doente	bimār budan	بیمار بودن
saúde (f)	salāmati	سلامتی

nariz (m) a escorrer	āb-e rizeš-e bini	آب ریزش بینی
amigdalite (f)	varam-e lowze	ورم لوزه
constipação (f)	sarmā xordegi	سرما خوردگی
constipar-se (vr)	sarmā xordan	سرما خوردن

bronquite (f)	boronšit	برنشیت
pneumonia (f)	zātorrie	ذات الریه
gripe (f)	ānfolānzā	آنفولانزا

míope	nazdik bin	نزدیک بین
presbita	durbin	دوربین
estrabismo (m)	enherāf-e čašm	انحراف چشم
estrábico	luč	لوچ
catarata (f)	āb morvārid	آب مروارید
glaucoma (m)	ab-e siyāh	آب سیاه

AVC (m), apoplexia (f)	sekte-ye maqzi	سکته مغزی
ataque (m) cardíaco	sekte-ye qalbi	سکته قلبی
enfarte (m) do miocárdio	ānfārktus	آنفارکتوس
paralisia (f)	falaji	فلجی
paralisar (vt)	falj kardan	فلج کردن

alergia (f)	ālerži	آلرژی
asma (f)	āsm	آسم
diabetes (f)	diyābet	دیابت

dor (f) de dentes	dandān-e dard	دندان درد
cárie (f)	pusidegi	پوسیدگی

diarreia (f)	eshāl	اسهال
prisão (f) de ventre	yobusat	یبوست
desarranjo (m) intestinal	nārāhati-ye me'de	ناراحتی معده
intoxicação (f) alimentar	masmumiyat	مسمومیت
intoxicar-se	masmum šodan	مسموم شدن

artrite (f)	varam-e mafāsel	ورم مفاصل
raquitismo (m)	rāšitism	راشیتیسم
reumatismo (m)	romātism	روماتیسم
arteriosclerose (f)	tasallob-e šarāin	تصلب شرائین

gastrite (f)	varam-e me'de	ورم معده
apendicite (f)	āpāndisit	آپاندیسیت

colecistite (f)	eltehāb-e kise-ye safrā	التهاب کیسه صفرا
úlcera (f)	zaxm	زخم
sarampo (m)	sorxak	سرخک
rubéola (f)	sorxje	سرخجه
icterícia (f)	yaraqān	یرقان
hepatite (f)	hepātit	هپاتیت
esquizofrenia (f)	šizoferni	شیزوفرنی
raiva (f)	hāri	هاری
neurose (f)	extelāl-e a'sāb	اختلال اعصاب
comoção (f) cerebral	zarbe-ye maqzi	ضربه مغزی
cancro (m)	saratān	سرطان
esclerose (f)	eskeleroz	اسکلروز
esclerose (f) múltipla	eskeleroz čandgāne	اسکلروز چندگانه
alcoolismo (m)	alkolism	الکلیسم
alcoólico (m)	alkoli	الکلی
sífilis (f)	siflis	سیفلیس
SIDA (f)	eydz	ایدز
tumor (m)	tumor	تومور
maligno	bad xim	بد خیم
benigno	xoš xim	خوش خیم
febre (f)	tab	تب
malária (f)	mālāriyā	مالاریا
gangrena (f)	qānqāriyā	قانقاریا
enjoo (m)	daryā-zadegi	دریازدگی
epilepsia (f)	sar'	صرع
epidemia (f)	epidemi	اپیدمی
tifo (m)	hasbe	حصبه
tuberculose (f)	sel	سل
cólera (f)	vabā	وبا
peste (f)	tā'un	طاعون

48. Sintomas. Tratamentos. Parte 1

sintoma (m)	alāem-e bimāri	علائم بیماری
temperatura (f)	damā	دما
febre (f)	tab	تب
pulso (m)	nabz	نبض
vertigem (f)	sargije	سرگیجه
quente (testa, etc.)	dāq	داغ
calafrio (m)	ra'še	رعشه
pálido	rang paride	رنگ پریده
tosse (f)	sorfe	سرفه
tossir (vi)	sorfe kardan	سرفه کردن
espirrar (vi)	atse kardan	عطسه کردن
desmaio (m)	qaš	غش

Português	Persa (transliteração)	Persa
desmaiar (vi)	qaš kardan	غش کردن
nódoa (f) negra	kabudi	کبودی
galo (m)	barāmadegi	برآمدگی
magoar-se (vr)	barxord kardan	برخورد کردن
pisadura (f)	kuftegi	کوفتگی
aleijar-se (vr)	zarb didan	ضرب دیدن
coxear (vi)	langidan	لنگیدن
deslocação (f)	dar raftegi	دررفتگی
deslocar (vt)	dar raftan	دررفتن
fratura (f)	šekastegi	شکستگی
fraturar (vt)	dočār-e šekastegi šodan	دچار شکستگی شدن
corte (m)	boridegi	بریدگی
cortar-se (vr)	boridan	بریدن
hemorragia (f)	xunrizi	خونریزی
queimadura (f)	suxtegi	سوختگی
queimar-se (vr)	dočār-e suxtegi šodan	دچار سوختگی شدن
picar (vt)	surāx kardan	سوراخ کردن
picar-se (vr)	surāx kardan	سوراخ کردن
lesionar (vt)	āsib resāndan	آسیب رساندن
lesão (m)	zaxm	زخم
ferida (f), ferimento (m)	zaxm	زخم
trauma (m)	zarbe	ضربه
delirar (vi)	hazyān goftan	هذیان گفتن
gaguejar (vi)	loknat dāštan	لکنت داشتن
insolação (f)	āftāb-zadegi	آفتابزدگی

49. Sintomas. Tratamentos. Parte 2

Português	Persa (transliteração)	Persa
dor (f)	dard	درد
farpa (no dedo)	xār	خار
suor (m)	araq	عرق
suar (vi)	araq kardan	عرق کردن
vómito (m)	estefrāq	استفراغ
convulsões (f pl)	tašannoj	تشنج
grávida	bārdār	باردار
nascer (vi)	motevalled šodan	متولد شدن
parto (m)	vaz'-e haml	وضع حمل
dar à luz	be donyā āvardan	به دنیا آوردن
aborto (m)	seqt-e janin	سقط جنین
respiração (f)	tanaffos	تنفس
inspiração (f)	estenšāq	استنشاق
expiração (f)	bāzdam	بازدم
expirar (vi)	bāzdamidan	بازدمیدن
inspirar (vi)	nafas kešidan	نفس کشیدن
inválido (m)	ma'lul	معلول
aleijado (m)	falaj	فلج

toxicodependente (m)	mo'tād	معتاد
surdo	kar	کر
mudo	lāl	لال
surdo-mudo	kar-o lāl	کر و لال
louco (adj.)	divāne	دیوانه
louco (m)	divāne	دیوانه
louca (f)	divāne	دیوانه
ficar louco	divāne šodan	دیوانه شدن
gene (m)	žen	ژن
imunidade (f)	masuniyat	مصونیت
hereditário	mowrusi	موروثی
congénito	mādarzād	مادرزاد
vírus (m)	virus	ویروس
micróbio (m)	mikrob	میکروب
bactéria (f)	bākteri	باکتری
infeção (f)	ofunat	عفونت

50. Sintomas. Tratamentos. Parte 3

hospital (m)	bimārestān	بیمارستان
paciente (m)	bimār	بیمار
diagnóstico (m)	tašxis	تشخیص
cura (f)	mo'āleje	معالجه
tratamento (m) médico	darmān	درمان
curar-se (vr)	darmān šodan	درمان شدن
tratar (vt)	mo'āleje kardan	معالجه کردن
cuidar (pessoa)	parastāri kardan	پرستاری کردن
cuidados (m pl)	parastāri	پرستاری
operação (f)	amal-e jarrāhi	عمل جراحی
enfaixar (vt)	pānsemān kardan	پانسمان کردن
enfaixamento (m)	pānsemān	پانسمان
vacinação (f)	vāksināsyon	واکسیناسیون
vacinar (vt)	vāksine kardan	واکسینه کردن
injeção (f)	tazriq	تزریق
dar uma injeção	tazriq kardan	تزریق کردن
ataque (~ de asma, etc.)	hamle	حمله
amputação (f)	qat'-e ozv	قطع عضو
amputar (vt)	qat' kardan	قطع کردن
coma (f)	komā	کما
estar em coma	dar komā budan	در کما بودن
reanimação (f)	morāqebat-e viže	مراقبت ویژه
recuperar-se (vr)	behbud yāftan	بهبود یافتن
estado (~ de saúde)	hālat	حالت
consciência (f)	huš	هوش
memória (f)	hāfeze	حافظه
tirar (vt)	dandān kešidan	دندان کشیدن

chumbo (m), obturação (f)	por kardan	پر کردن
chumbar, obturar (vt)	por kardan	پر کردن
hipnose (f)	hipnotizm	هیپنوتیزم
hipnotizar (vt)	hipnotizm kardan	هیپنوتیزم کردن

51. Médicos

médico (m)	pezešk	پزشک
enfermeira (f)	parastār	پرستار
médico (m) pessoal	pezešk-e šaxsi	پزشک شخصی
dentista (m)	dandān pezešk	دندان پزشک
oculista (m)	češm-pezešk	چشم پزشک
terapeuta (m)	pezešk omumi	پزشک عمومی
cirurgião (m)	jarrāh	جراح
psiquiatra (m)	ravānpezešk	روانپزشک
pediatra (m)	pezešk-e kudakān	پزشک کودکان
psicólogo (m)	ravānšenās	روانشناس
ginecologista (m)	motexasses-e zanān	متخصص زنان
cardiologista (m)	motexasses-e qalb	متخصص قلب

52. Medicina. Drogas. Acessórios

medicamento (m)	dāru	دارو
remédio (m)	darmān	درمان
receitar (vt)	tajviz kardan	تجویز کردن
receita (f)	nosxe	نسخه
comprimido (m)	qors	قرص
pomada (f)	pomād	پماد
ampola (f)	āmpul	آمپول
preparado (m)	šarbat	شربت
xarope (m)	šarbat	شربت
cápsula (f)	kapsul	کپسول
remédio (m) em pó	pudr	پودر
ligadura (f)	bānd	باند
algodão (m)	panbe	پنبه
iodo (m)	yod	ید
penso (m) rápido	časb-e zaxm	چسب زخم
conta-gotas (m)	qatre čekān	قطره چکان
termómetro (m)	damāsanj	دماسنج
seringa (f)	sorang	سرنگ
cadeira (f) de rodas	vilčer	ویلچر
muletas (f pl)	čub zir baqal	چوب زیر بغل
analgésico (m)	mosaken	مسکن
laxante (m)	moshel	مسهل

álcool (m) etílico alkol الکل
ervas (f pl) medicinais giyāhān-e dāruyi گیاهان دارویی
de ervas (chá ~) giyāhi گیاهی

HABITAT HUMANO

Cidade

53. Cidade. Vida na cidade

cidade (f)	šahr	شهر
capital (f)	pāytaxt	پایتخت
aldeia (f)	rustā	روستا
mapa (m) da cidade	naqše-ye šahr	نقشهٔ شهر
centro (m) da cidade	markaz-e šahr	مرکز شهر
subúrbio (m)	hume-ye šahr	حومهٔ شهر
suburbano	hume-ye šahr	حومهٔ شهر
periferia (f)	hume	حومه
arredores (m pl)	hume	حومه
quarteirão (m)	mahalle	محله
quarteirão (m) residencial	mahalle-ye maskuni	محلهٔ مسکونی
tráfego (m)	obur-o morur	عبور و مرور
semáforo (m)	čerāq-e rāhnamā	چراغ راهنما
transporte (m) público	haml-o naql-e šahri	حمل و نقل شهری
cruzamento (m)	čahārrāh	چهارراه
passadeira (f)	xatt-e āber-e piyāde	خط عابرپیاده
passagem (f) subterrânea	zir-e gozar	زیر گذر
cruzar, atravessar (vt)	obur kardan	عبور کردن
peão (m)	piyāde	پیاده
passeio (m)	piyāde row	پیاده رو
ponte (f)	pol	پل
margem (f) do rio	xiyābān-e sāheli	خیابان ساحلی
fonte (f)	češme	چشمه
alameda (f)	bāq rāh	باغ راه
parque (m)	pārk	پارک
bulevar (m)	bolvār	بولوار
praça (f)	meydān	میدان
avenida (f)	xiyābān	خیابان
rua (f)	xiyābān	خیابان
travessa (f)	kuče	کوچه
beco (m) sem saída	bon bast	بن بست
casa (f)	xāne	خانه
edifício, prédio (m)	sāxtemān	ساختمان
arranha-céus (m)	āsemānxarāš	آسمانخراش
fachada (f)	namā	نما
telhado (m)	bām	بام

janela (f)	panjere	پنجره
arco (m)	tāq-e qowsi	طاق قوسی
coluna (f)	sotun	ستون
esquina (f)	nabš	نبش
montra (f)	vitrin	ویترین
letreiro (m)	tāblo	تابلو
cartaz (m)	poster	پوستر
cartaz (m) publicitário	poster-e tabliqāti	پوستر تبلیغاتی
painel (m) publicitário	bilbord	بیلبورد
lixo (m)	āšqāl	آشغال
cesta (f) do lixo	satl-e āšqāl	سطل آشغال
jogar lixo na rua	kasif kardan	کثیف کردن
aterro (m) sanitário	jā-ye dafn-e āšqāl	جای دفن آشغال
cabine (f) telefónica	kābin-e telefon	کابین تلفن
candeeiro (m) de rua	tir-e barq	تیر برق
banco (m)	nimkat	نیمکت
polícia (m)	polis	پلیس
polícia (instituição)	polis	پلیس
mendigo (m)	gedā	گدا
sem-abrigo (m)	bi xānomān	بی خانمان

54. Instituições urbanas

loja (f)	maqāze	مغازه
farmácia (f)	dāruxāne	داروخانه
ótica (f)	eynak foruši	عینک فروشی
centro (m) comercial	markaz-e tejāri	مرکز تجاری
supermercado (m)	supermārket	سوپرمارکت
padaria (f)	nānvāyi	نانوایی
padeiro (m)	nānvā	نانوا
pastelaria (f)	qannādi	قنادی
mercearia (f)	baqqāli	بقالی
talho (m)	gušt foruši	گوشت فروشی
loja (f) de legumes	sabzi foruši	سبزی فروشی
mercado (m)	bāzār	بازار
café (m)	kāfe	کافه
restaurante (m)	resturān	رستوران
bar (m), cervejaria (f)	bār	بار
pizzaria (f)	pitzā-foruši	پیتزا فروشی
salão (m) de cabeleireiro	ārāyešgāh	آرایشگاه
correios (m pl)	post	پست
lavandaria (f)	xošk-šuyi	خشکشویی
estúdio (m) fotográfico	ātolye-ye akkāsi	آتلیه عکاسی
sapataria (f)	kafš foruši	کفش فروشی
livraria (f)	ketāb-foruši	کتاب فروشی

loja (f) de artigos de desporto	maqāze-ye varzeši	مغازهٔ ورزشی
reparação (f) de roupa	ta'mir-e lebās	تعمیر لباس
aluguer (m) de roupa	kerāye-ye lebās	کرایهٔ لباس
aluguer (m) de filmes	kerāye-ye film	کرایهٔ فیلم
circo (m)	sirak	سیرک
jardim (m) zoológico	bāq-e vahš	باغ وحش
cinema (m)	sinamā	سینما
museu (m)	muze	موزه
biblioteca (f)	ketābxāne	کتابخانه
teatro (m)	teātr	تئاتر
ópera (f)	operā	اپرا
clube (m) noturno	kābāre	کاباره
casino (m)	kāzino	کازینو
mesquita (f)	masjed	مسجد
sinagoga (f)	kenešt	کنشت
catedral (f)	kelisā-ye jāme'	کلیسای جامع
templo (m)	ma'bad	معبد
igreja (f)	kelisā	کلیسا
instituto (m)	anistito	انستیتو
universidade (f)	dānešgāh	دانشگاه
escola (f)	madrese	مدرسه
prefeitura (f)	ostāndāri	استانداری
câmara (f) municipal	šahrdāri	شهرداری
hotel (m)	hotel	هتل
banco (m)	bānk	بانک
embaixada (f)	sefārat	سفارت
agência (f) de viagens	āžāns-e jahāngardi	آژانس جهانگردی
agência (f) de informações	daftar-e ettelāāt	دفتر اطلاعات
casa (f) de câmbio	sarrāfi	صرافی
metro (m)	metro	مترو
hospital (m)	bimārestān	بیمارستان
posto (m) de gasolina	pomp-e benzin	پمپ بنزین
parque (m) de estacionamento	pārking	پارکینگ

55. Sinais

letreiro (m)	tāblo	تابلو
inscrição (f)	nevešte	نوشته
cartaz, póster (m)	poster	پوستر
sinal (m) informativo	rāhnamā	راهنما
seta (f)	alāmat	علامت
aviso (advertência)	ehtiyāt	احتیاط
sinal (m) de aviso	alāmat-e hošdār	علامت هشدار
avisar, advertir (vt)	hošdār dādan	هشدار دادن
dia (m) de folga	ruz-e ta'til	روز تعطیل

horário (m)	jadval	جدول
horário (m) de funcionamento	sā'athā-ye kāri	ساعت های کاری
BEM-VINDOS!	xoš āmadid	خوش آمدید
ENTRADA	vorud	ورود
SAÍDA	xoruj	خروج
EMPURRE	hel dādan	هل دادن
PUXE	bekešid	بکشید
ABERTO	bāz	باز
FECHADO	baste	بسته
MULHER	zanāne	زنانه
HOMEM	mardāne	مردانه
DESCONTOS	taxfif	تخفیف
SALDOS	harāj	حراج
NOVIDADE!	jadid	جدید
GRÁTIS	majjāni	مجانی
ATENÇÃO!	tavajjoh	توجه
NÃO HÁ VAGAS	otāq-e xāli nadārim	اتاق خالی نداریم
RESERVADO	rezerv šode	رزرو شده
ADMINISTRAÇÃO	edāre	اداره
SOMENTE PESSOAL AUTORIZADO	xāse personel	خاص پرسنل
CUIDADO CÃO FEROZ	movāzeb-e sag bāšid	مواظب سگ باشید
PROIBIDO FUMAR!	sigār kešidan mamnu'	سیگار کشیدن ممنوع
NÃO TOCAR	dast nazanid	دست نزنید
PERIGOSO	xatarnāk	خطرناک
PERIGO	xatar	خطر
ALTA TENSÃO	voltāj bālā	ولتاژ بالا
PROIBIDO NADAR	šenā mamnu'	شنا ممنوع
AVARIADO	xārāb	خراب
INFLAMÁVEL	qābel-e ehterāq	قابل احتراق
PROIBIDO	mamnu'	ممنوع
ENTRADA PROIBIDA	obur mamnu'	عبور ممنوع
CUIDADO TINTA FRESCA	rang-e xis	رنگ خیس

56. Transportes urbanos

autocarro (m)	otobus	اتوبوس
elétrico (m)	terāmvā	تراموا
troleicarro (m)	otobus-e barqi	اتوبوس برقی
itinerário (m)	xat	خط
número (m)	šomāre	شماره
ir de ... (carro, etc.)	raftan bā	رفتن با
entrar (~ no autocarro)	savār šodan	سوار شدن
descer de ...	piyāde šodan	پیاده شدن

paragem (f)	istgāh-e otobus	ایستگاه اتوبوس
próxima paragem (f)	istgāh-e ba'di	ایستگاه بعدی
ponto (m) final	istgāh-e āxar	ایستگاه آخر
horário (m)	barnāme	برنامه
esperar (vt)	montazer budan	منتظر بودن

| bilhete (m) | belit | بلیط |
| custo (m) do bilhete | qeymat-e belit | قیمت بلیط |

bilheteiro (m)	sanduqdār	صندوقدار
controlo (m) dos bilhetes	kontorol-e belit	کنترل بلیط
revisor (m)	kontorol či	کنترل چی

atrasar-se (vr)	ta'xir dāštan	تأخیر داشتن
perder (o autocarro, etc.)	az dast dādan	از دست دادن
estar com pressa	ajale kardan	عجله کردن

táxi (m)	tāksi	تاکسی
taxista (m)	rānande-ye tāksi	راننده تاکسی
de táxi (ir ~)	bā tāksi	با تاکسی
praça (f) de táxis	istgāh-e tāksi	ایستگاه تاکسی
chamar um táxi	tāksi gereftan	تاکسی گرفتن
apanhar um táxi	tāksi gereftan	تاکسی گرفتن

tráfego (m)	obur-o morur	عبور و مرور
engarrafamento (m)	terāfik	ترافیک
horas (f pl) de ponta	sā'at-e šoluqi	ساعت شلوغی
estacionar (vi)	pārk kardan	پارک کردن
estacionar (vt)	pārk kardan	پارک کردن
parque (m) de estacionamento	pārking	پارکینگ

metro (m)	metro	مترو
estação (f)	istgāh	ایستگاه
ir de metro	bā metro raftan	با مترو رفتن
comboio (m)	qatār	قطار
estação (f)	istgāh-e rāh-e āhan	ایستگاه راه آهن

57. Turismo

monumento (m)	mojassame	مجسمه
fortaleza (f)	qal'e	قلعه
palácio (m)	kāx	کاخ
castelo (m)	qal'e	قلعه
torre (f)	borj	برج
mausoléu (m)	ārāmgāh	آرامگاه

arquitetura (f)	me'māri	معماری
medieval	qorun-e vasati	قرون وسطی
antigo	qadimi	قدیمی
nacional	melli	ملی
conhecido	mašhur	مشهور

| turista (m) | turist | توریست |
| guia (pessoa) | rāhnamā-ye tur | راهنمای تور |

excursão (f)	gardeš	گردش
mostrar (vt)	nešān dādan	نشان دادن
contar (vt)	hekāyat kardan	حکایت کردن
encontrar (vt)	peydā kardan	پیدا کردن
perder-se (vr)	gom šodan	گم شدن
mapa (~ do metrô)	naqše	نقشه
mapa (~ da cidade)	naqše	نقشه
lembrança (f), presente (m)	sowqāti	سوغاتی
loja (f) de presentes	forušgāh-e sowqāti	فروشگاه سوغاتی
fotografar (vt)	aks gereftan	عکس گرفتن
fotografar-se	aks gereftan	عکس گرفتن

58. Compras

comprar (vt)	xarid kardan	خرید کردن
compra (f)	xarid	خرید
fazer compras	xarid kardan	خرید کردن
compras (f pl)	xarid	خرید
estar aberta (loja, etc.)	bāz budan	باز بودن
estar fechada	baste budan	بسته بودن
calçado (m)	kafš	کفش
roupa (f)	lebās	لباس
cosméticos (m pl)	lavāzem-e ārāyeši	لوازم آرایشی
alimentos (m pl)	mavādd-e qazāyi	مواد غذایی
presente (m)	hedye	هدیه
vendedor (m)	forušande	فروشنده
vendedora (f)	forušande-ye zan	فروشنده زن
caixa (f)	sanduq	صندوق
espelho (m)	āyene	آینه
balcão (m)	pišxān	پیشخوان
cabine (f) de provas	otāq porov	اتاق پرو
provar (vt)	emtehān kardan	امتحان کردن
servir (vi)	monāseb budan	مناسب بودن
gostar (apreciar)	dust dāštan	دوست داشتن
preço (m)	qeymat	قیمت
etiqueta (f) de preço	barčasb-e qeymat	برچسب قیمت
custar (vt)	qeymat dāštan	قیمت داشتن
Quanto?	čeqadr?	چقدر؟
desconto (m)	taxfif	تخفیف
não caro	arzān	ارزان
barato	arzān	ارزان
caro	gerān	گران
É caro	gerān ast	گران است
aluguer (m)	kerāye	کرایه
alugar (vestidos, etc.)	kerāye kardan	کرایه کردن

crédito (m)	vām	وام
a crédito	xarid-e e'tebāri	خرید اعتباری

59. Dinheiro

dinheiro (m)	pul	پول
câmbio (m)	tabdil-e arz	تبدیل ارز
taxa (f) de câmbio	nerx-e arz	نرخ ارز
Caixa Multibanco (m)	xodpardāz	خودپرداز
moeda (f)	sekke	سکه
dólar (m)	dolār	دلار
euro (m)	yuro	یورو
lira (f)	lire	لیره
marco (m)	mārk	مارک
franco (m)	farānak	فرانک
libra (f) esterlina	pond-e esterling	پوند استرلینگ
iene (m)	yen	ین
dívida (f)	qarz	قرض
devedor (m)	bedehkār	بدهکار
emprestar (vt)	qarz dādan	قرض دادن
pedir emprestado	qarz gereftan	قرض گرفتن
banco (m)	bānk	بانک
conta (f)	hesāb-e bānki	حساب بانکی
depositar (vt)	rixtan	ریختن
depositar na conta	be hesāb rixtan	به حساب ریختن
levantar (vt)	az hesāb bardāštan	از حساب برداشتن
cartão (m) de crédito	kārt-e e'tebāri	کارت اعتباری
dinheiro (m) vivo	pul-e naqd	پول نقد
cheque (m)	ček	چک
passar um cheque	ček neveštan	چک نوشتن
livro (m) de cheques	daste-ye ček	دسته چک
carteira (f)	kif-e pul	کیف پول
porta-moedas (m)	kif-e pul	کیف پول
cofre (m)	gāvsanduq	گاوصندوق
herdeiro (m)	vāres	وارث
herança (f)	mirās	میراث
fortuna (riqueza)	dārāyi	دارایی
arrendamento (m)	ejāre	اجاره
renda (f) de casa	kerāye-ye xāne	کرایه خانه
alugar (vt)	ejāre kardan	اجاره کردن
preço (m)	qeymat	قیمت
custo (m)	arzeš	ارزش
soma (f)	jam'-e kol	جمع کل
gastar (vt)	xarj kardan	خرج کردن
gastos (m pl)	maxārej	مخارج

economizar (vi)	sarfeju-yi kardan	صرفه جویی کردن
económico	maqrun besarfe	مقرون به صرفه
pagar (vt)	pardāxtan	پرداختن
pagamento (m)	pardāxt	پرداخت
troco (m)	pul-e xerad	پول خرد
imposto (m)	māliyāt	مالیات
multa (f)	jarime	جریمه
multar (vt)	jarime kardan	جریمه کردن

60. Correios. Serviço postal

correios (m pl)	post	پست
correio (m)	post	پست
carteiro (m)	nāme resān	نامه رسان
horário (m)	sā'athā-ye kāri	ساعت های کاری
carta (f)	nāme	نامه
carta (f) registada	nāme-ye sefāreši	نامه سفارشی
postal (m)	kārt-e postāl	کارت پستال
telegrama (m)	telegrām	تلگرام
encomenda (f) postal	baste posti	بسته پستی
remessa (f) de dinheiro	havāle	حواله
receber (vt)	gereftan	گرفتن
enviar (vt)	ferestādan	فرستادن
envio (m)	ersāl	ارسال
endereço (m)	nešāni	نشانی
código (m) postal	kod-e posti	کد پستی
remetente (m)	ferestande	فرستنده
destinatário (m)	girande	گیرنده
nome (m)	esm	اسم
apelido (m)	nām-e xānevādegi	نام خانوادگی
tarifa (f)	ta'refe	تعرفه
ordinário	ādi	عادی
económico	ādi	عادی
peso (m)	vazn	وزن
pesar (estabelecer o peso)	vazn kardan	وزن کردن
envelope (m)	pākat	پاکت
selo (m)	tambr	تمبر
colar o selo	tamr zadan	تمبر زدن

Moradia. Casa. Lar

61. Casa. Eletricidade

eletricidade (f)	barq	برق
lâmpada (f)	lāmp	لامپ
interruptor (m)	kelid	کلید
fusível (m)	fiyuz	فیوز
fio, cabo (m)	sim	سیم
instalação (f) elétrica	sim keši	سیم کشی
contador (m) de eletricidade	kontor	کنتور
indicação (f), registo (m)	dastgāh-e xaneš	دستگاه خوانش

62. Moradia. Mansão

casa (f) de campo	xāne-ye xārej-e šahr	خانهٔ خارج شهر
vila (f)	vilā	ویلا
ala (~ do edifício)	bāl	بال
jardim (m)	bāq	باغ
parque (m)	pārk	پارک
estufa (f)	golxāne	گلخانه
cuidar de …	negahdāri kardan	نگهداری کردن
piscina (f)	estaxr	استخر
ginásio (m)	sālon-e varzeš	سالن ورزش
campo (m) de ténis	zamin-e tenis	زمین تنیس
cinema (m)	sinamā	سینما
garagem (f)	gārāž	گاراژ
propriedade (f) privada	melk-e xosusi	ملک خصوصی
terreno (m) privado	melk-e xosusi	ملک خصوصی
advertência (f)	hošdār	هشدار
sinal (m) de aviso	alāmat-e hošdār	علامت هشدار
guarda (f)	hefāzat	حفاظت
guarda (m)	negahbān	نگهبان
alarme (m)	dozdgir	دزدگیر

63. Apartamento

apartamento (m)	āpārtemān	آپارتمان
quarto (m)	otāq	اتاق
quarto (m) de dormir	otāq-e xāb	اتاق خواب

sala (f) de jantar	otāq-e qazāxori	اتاق غذاخوری
sala (f) de estar	mehmānxāne	مهمانخانه
escritório (m)	daftar	دفتر
antessala (f)	tālār-e vorudi	تالار ورودی
quarto (m) de banho	hammām	حمام
toilette (lavabo)	tuālet	توالت
teto (m)	saqf	سقف
chão, soalho (m)	kaf	کف
canto (m)	guše	گوشه

64. Mobiliário. Interior

mobiliário (m)	mobl	مبل
mesa (f)	miz	میز
cadeira (f)	sandali	صندلی
cama (f)	taxt-e xāb	تخت خواب
divã (m)	kānāpe	کاناپه
cadeirão (m)	mobl-e rāhati	مبل راحتی
estante (f)	qafase-ye ketāb	قفسه کتاب
prateleira (f)	qafase	قفسه
guarda-vestidos (m)	komod	کمد
cabide (m) de parede	raxt āviz	رخت آویز
cabide (m) de pé	čub lebāsi	چوب لباسی
cómoda (f)	komod	کمد
mesinha (f) de centro	miz-e pišdasti	میز پیشدستی
espelho (m)	āyene	آینه
tapete (m)	farš	فرش
tapete (m) pequeno	qāliče	قالیچه
lareira (f)	šumine	شومینه
vela (f)	šamʻ	شمع
castiçal (m)	šamʻdān	شمعدان
cortinas (f pl)	parde	پرده
papel (m) de parede	kāqaz-e divāri	کاغذ دیواری
estores (f pl)	kerkere	کرکره
candeeiro (m) de mesa	čerāq-e rumizi	چراغ رومیزی
candeeiro (m) de parede	čerāq-e divāri	چراغ دیواری
candeeiro (m) de pé	ābāžur	آباژور
lustre (m)	luster	لوستر
pé (de mesa, etc.)	pāye	پایه
braço (m)	daste-ye sandali	دستهٔ صندلی
costas (f pl)	pošti	پشتی
gaveta (f)	kešow	کشو

65. Quarto de dormir

roupa (f) de cama	raxt-e xāb	رخت خواب
almofada (f)	bālešt	بالشت
fronha (f)	rubalešt	روبالشت
cobertor (m)	patu	پتو
lençol (m)	malāfe	ملافه
colcha (f)	rutaxti	روتختی

66. Cozinha

cozinha (f)	āšpazxāne	آشپزخانه
gás (m)	gāz	گاز
fogão (m) a gás	ojāgh-e gāz	اجاق گاز
fogão (m) elétrico	ojāgh-e barghi	اجاق برقی
forno (m)	fer	فر
forno (m) de micro-ondas	māykrofer	مایکروفر
frigorífico (m)	yaxčāl	یخچال
congelador (m)	fereyzer	فریزر
máquina (f) de lavar louça	māšin-e zarfšuyi	ماشین ظرفشویی
moedor (m) de carne	čarx-e gušt	چرخ گوشت
espremedor (m)	ābmive giri	آبمیوه گیری
torradeira (f)	towster	توستر
batedeira (f)	maxlut kon	مخلوط کن
máquina (f) de café	qahve sāz	قهوه ساز
cafeteira (f)	qahve juš	قهوه جوش
moinho (m) de café	āsiyāb-e qahve	آسیاب قهوه
chaleira (f)	ketri	کتری
bule (m)	quri	قوری
tampa (f)	sarpuš	سرپوش
coador (m) de chá	čāy sāf kon	چای صاف کن
colher (f)	qāšoq	قاشق
colher (f) de chá	qāšoq čāy xori	قاشق چای خوری
colher (f) de sopa	qāšoq sup xori	قاشق سوپ خوری
garfo (m)	čangāl	چنگال
faca (f)	kārd	کارد
louça (f)	zoruf	ظروف
prato (m)	bošqāb	بشقاب
pires (m)	na'lbeki	نعلبکی
cálice (m)	gilās-e vodkā	گیلاس ودکا
copo (m)	estekān	استکان
chávena (f)	fenjān	فنجان
açucareiro (m)	qandān	قندان
saleiro (m)	namakdān	نمکدان
pimenteiro (m)	felfeldān	فلفلدان

manteigueira (f)	zarf-e kare	ظرف کره
panela, caçarola (f)	qāblame	قابلمه
frigideira (f)	tābe	تابه
concha (f)	malāqe	ملاقه
passador (m)	ābkeš	آبکش
bandeja (f)	sini	سینی
garrafa (f)	botri	بطری
boião (m) de vidro	šiše	شیشه
lata (f)	quti	قوطی
abre-garrafas (m)	dar bāz kon	در بازکن
abre-latas (m)	dar bāz kon	در بازکن
saca-rolhas (m)	dar bāz kon	در بازکن
filtro (m)	filter	فیلتر
filtrar (vt)	filter kardan	فیلتر کردن
lixo (m)	āšqāl	آشغال
balde (m) do lixo	satl-e zobāle	سطل زباله

67. Casa de banho

quarto (m) de banho	hammām	حمام
água (f)	āb	آب
torneira (f)	šir	شیر
água (f) quente	āb-e dāq	آب داغ
água (f) fria	āb-e sard	آب سرد
pasta (f) de dentes	xamir-e dandān	خمیر دندان
escovar os dentes	mesvāk zadan	مسواک زدن
escova (f) de dentes	mesvāk	مسواک
barbear-se (vr)	riš tarāšidan	ریش تراشیدن
espuma (f) de barbear	xamir-e eslāh	خمیر اصلاح
máquina (f) de barbear	tiq	تیغ
lavar (vt)	šostan	شستن
lavar-se (vr)	hamām kardan	حمام کردن
duche (m)	duš	دوش
tomar um duche	duš gereftan	دوش گرفتن
banheira (f)	vān hammām	وان حمام
sanita (f)	tuālet-e farangi	توالت فرنگی
lavatório (m)	sink	سینک
sabonete (m)	sābun	صابون
saboneteira (f)	jā sābun	جا صابون
esponja (f)	abr	ابر
champô (m)	šāmpu	شامپو
toalha (f)	howle	حوله
roupão (m) de banho	howle-ye hamām	حوله حمام
lavagem (f)	raxčuyi	لباسشویی
máquina (f) de lavar	māšin-e lebas-šui	ماشین لباسشویی

| lavar a roupa | šostan-e lebās | شستن لباس |
| detergente (m) | pudr-e lebas-šui | پودر لباسشویی |

68. Eletrodomésticos

televisor (m)	televiziyon	تلویزیون
gravador (m)	zabt-e sowt	ضبط صوت
videogravador (m)	video	ویدئو
rádio (m)	rādiyo	رادیو
leitor (m)	paxš konande	پخش کننده

projetor (m)	video porožektor	ویدئو پروژکتور
cinema (m) em casa	sinamā-ye xānegi	سینمای خانگی
leitor (m) de DVD	paxš konande-ye di vi di	پخش کننده دی وی دی
amplificador (m)	āmpli-fāyer	آمپلی فایر
console (f) de jogos	konsul-e bāzi	کنسول بازی

câmara (f) de vídeo	durbin-e filmbardāri	دوربین فیلمبرداری
máquina (f) fotográfica	durbin-e akkāsi	دوربین عکاسی
câmara (f) digital	durbin-e dijitāl	دوربین دیجیتال

aspirador (m)	jāru barqi	جارو برقی
ferro (m) de engomar	oto	اتو
tábua (f) de engomar	miz-e otu	میز اتو

telefone (m)	telefon	تلفن
telemóvel (m)	telefon-e hamrāh	تلفن همراه
máquina (f) de escrever	māšin-e tahrir	ماشین تحریر
máquina (f) de costura	čarx-e xayyāti	چرخ خیاطی

microfone (m)	mikrofon	میکروفون
auscultadores (m pl)	guši	گوشی
controlo remoto (m)	kontorol az rāh-e dur	کنترل از راه دور

CD (m)	si-di	سیدی
cassete (f)	kāst	کاست
disco (m) de vinil	safhe-ye gerāmāfon	صفحه گرامافون

ATIVIDADES HUMANAS

Emprego. Negócios. Parte 1

69. Escritório. O trabalho no escritório

escritório (~ de advogados)	daftar	دفتر
escritório (do diretor, etc.)	daftar	دفتر
receção (f)	pazir-aš	پذیرش
secretário (m)	monši	منشی
secretária (f)	monši	منشی
diretor (m)	modir	مدیر
gerente (m)	modir	مدیر
contabilista (m)	hesābdār	حسابدار
empregado (m)	kārmand	کارمند
mobiliário (m)	mobl	مبل
mesa (f)	miz	میز
cadeira (f)	sandali dastedār	صندلی دسته دار
bloco (m) de gavetas	kešow	کشو
cabide (m) de pé	čub lebāsi	چوب لباسی
computador (m)	kāmpiyuter	کامپیوتر
impressora (f)	pirinter	پرینتر
fax (m)	faks	فکس
fotocopiadora (f)	dastgāh-e kopi	دستگاه کپی
papel (m)	kāqaz	کاغذ
artigos (m pl) de escritório	lavāzem-e tahrir	لوازم تحریر
tapete (m) de rato	māows pad	ماوس پد
folha (f) de papel	varaq	ورق
pasta (f)	puše	پوشه
catálogo (m)	kātālog	کاتالوگ
diretório (f) telefónico	rāhnamā	راهنما
documentação (f)	asnād	اسناد
brochura (f)	borušur	بروشور
flyer (m)	borušur	بروشور
amostra (f)	nemune	نمونه
formação (f)	āmuzeš	آموزش
reunião (f)	jalase	جلسه
hora (f) de almoço	vaqt-e nāhār	وقت ناهار
fazer uma cópia	kopi gereftan	کپی گرفتن
tirar cópias	kopi gereftan	کپی گرفتن
receber um fax	faks gereftan	فکس گرفتن
enviar um fax	faks ferestādan	فکس فرستادن

fazer uma chamada	telefon zadan	تلفن زدن
responder (vt)	javāb dādan	جواب دادن
passar (vt)	vasl šodan	وصل شدن
marcar (vt)	sāzmān dādan	سازمان دادن
demonstrar (vt)	nemāyeš dādan	نمایش دادن
estar ausente	qāyeb budan	غایب بودن
ausência (f)	qeybat	غیبت

70. Processos negociais. Parte 1

ocupação (f)	šoql	شغل
firma, empresa (f)	šerkat	شرکت
companhia (f)	kompāni	کمپانی
corporação (f)	šerkat-e sahami	شرکت سهامی
empresa (f)	šerkat	شرکت
agência (f)	namāyandegi	نمایندگی
acordo (documento)	qarārdād	قرارداد
contrato (m)	qarārdād	قرارداد
acordo (transação)	moʻāmele	معامله
encomenda (f)	sefāreš	سفارش
cláusulas (f pl), termos (m pl)	šart	شرط
por grosso (adv)	omde furuši	عمده فروشی
por grosso (adj)	omde	عمده
venda (f) por grosso	omde furuši	عمده فروشی
a retalho	xorde-foruši	خرده فروشی
venda (f) a retalho	xorde-foruši	خرده فروشی
concorrente (m)	raqib	رقیب
concorrência (f)	reqābat	رقابت
competir (vi)	reqābat kardan	رقابت کردن
sócio (m)	šarik	شریک
parceria (f)	mošārek-at	مشارکت
crise (f)	bohrān	بحران
bancarrota (f)	varšekastegi	ورشکستگی
entrar em falência	varšekast šodan	ورشکست شدن
dificuldade (f)	saxti	سختی
problema (m)	moškel	مشکل
catástrofe (f)	fājeʻe	فاجعه
economia (f)	eqtesād	اقتصاد
económico	eqtesādi	اقتصادی
recessão (f) económica	rokud-e eqtesādi	رکود اقتصادی
objetivo (m)	hadaf	هدف
tarefa (f)	hadaf	هدف
comerciar (vi, vt)	tejārat kardan	تجارت کردن
rede (de distribuição)	šabake-ye towziʻ	شبکۀ توزیع
estoque (m)	fehrest anbār	فهرست انبار

sortimento (m)	majmu'e	مجموعه
líder (m)	rahbar	رهبر
grande (~ empresa)	bozorg	بزرگ
monopólio (m)	enhesār	انحصار

teoria (f)	nazariye	نظریه
prática (f)	amal	عمل
experiência (falar por ~)	tajrobe	تجربه
tendência (f)	gerāyeš	گرایش
desenvolvimento (m)	pišraft	پیشرفت

71. Processos negociais. Parte 2

rentabilidade (f)	sud	سود
rentável	sudāvar	سودآور
delegação (f)	hey'at-e namāyandegān	هیئت نمایندگان
salário, ordenado (m)	hoquq	حقوق
corrigir (um erro)	eslāh kardan	اصلاح کردن
viagem (f) de negócios	ma'muriyat	مأموریت
comissão (f)	komisiyon	کمیسیون
controlar (vt)	kontorol kardan	کنترل کردن
conferência (f)	konferāns	کنفرانس
licença (f)	parvāne	پروانه
confiável	motmaen	مطمئن
empreendimento (m)	ebtekār	ابتکار
norma (f)	me'yār	معیار
circunstância (f)	vaz'iyat	وضعیت
dever (m)	vazife	وظیفه
empresa (f)	šerkat	شرکت
organização (f)	sāzmāndehi	سازماندهی
organizado	sāzmān yāfte	سازمان یافته
anulação (f)	laqv	لغو
anular, cancelar (vt)	laqv kardan	لغو کردن
relatório (m)	gozāreš	گزارش
patente (f)	govāhi-ye sabt-e exterā'	گواهی ثبت اختراع
patentear (vt)	govāhi exterā' gereftan	گواهی اختراع گرفتن
planear (vt)	barnāmerizi kardan	برنامه ریزی کردن
prémio (m)	pādāš	پاداش
profissional	herfe i	حرفه ای
procedimento (m)	tašrifāt	تشریفات
examinar (a questão)	barresi kardan	بررسی کردن
cálculo (m)	mohāsebe	محاسبه
reputação (f)	e'tebār	اعتبار
risco (m)	risk	ریسک
dirigir (~ uma empresa)	edāre kardan	اداره کردن
informação (f)	ettelā'āt	اطلاعات

propriedade (f)	dārāyi	دارایی
união (f)	ettehādiye	اتحادیه
seguro (m) de vida	bime-ye omr	بیمهٔ عمر
fazer um seguro	bime kardan	بیمه کردن
seguro (m)	bime	بیمه
leilão (m)	harāj	حراج
notificar (vt)	xabar dādan	خبر دادن
gestão (f)	edāre	اداره
serviço (indústria de ~s)	xedmat	خدمت
fórum (m)	ham andiši	هم اندیشی
funcionar (vi)	amal kardan	عمل کردن
estágio (m)	marhale	مرحله
jurídico	hoquqi	حقوقی
jurista (m)	hoquq dān	حقوق دان

72. Produção. Trabalhos

usina (f)	kārxāne	کارخانه
fábrica (f)	kārxāne	کارخانه
oficina (f)	kārgāh	کارگاه
local (m) de produção	towlidi	تولیدی
indústria (f)	san'at	صنعت
industrial	san'ati	صنعتی
indústria (f) pesada	sanāye-'e sangin	صنایع سنگین
indústria (f) ligeira	sanāye-'e sabok	صنایع سبک
produção (f)	towlidāt	تولیدات
produzir (vt)	towlid kardan	تولید کردن
matérias-primas (f pl)	mavādd-e xām	مواد خام
chefe (m) de brigada	sarkāregar	سرکارگر
brigada (f)	daste-ye kāregaran	دسته کارگران
operário (m)	kārgar	کارگر
dia (m) de trabalho	ruz-e kāri	روز کاری
pausa (f)	esterāhat	استراحت
reunião (f)	jalase	جلسه
discutir (vt)	bahs kardan	بحث کردن
plano (m)	barnāme	برنامه
cumprir o plano	barnāme rā ejrā kardan	برنامه را اجرا کردن
taxa (f) de produção	nerx-e tolid	نرخ تولید
qualidade (f)	keyfiyat	کیفیت
controlo (m)	kontorol	کنترل
controlo (m) da qualidade	kontorol-e keyfi	کنترل کیفی
segurança (f) no trabalho	amniyat-e kār	امنیت کار
disciplina (f)	enzebāt	انضباط
infração (f)	naqz	نقض
violar (as regras)	naqz kardan	نقض کردن

greve (f)	e'tesāb	اعتصاب
grevista (m)	e'tesāb konande	اعتصاب کننده
estar em greve	e'tesāb kardan	اعتصاب کردن
sindicato (m)	ettehādiye-ye kārgari	اتحادیۀ کارگری
inventar (vt)	exterā' kardan	اختراع کردن
invenção (f)	exterā'	اختراع
pesquisa (f)	tahqiq	تحقیق
melhorar (vt)	behtar kardan	بهتر کردن
tecnologia (f)	fanāvari	فناوری
desenho (m) técnico	rasm-e fani	رسم فنی
carga (f)	bār	بار
carregador (m)	bārbar	باربر
carregar (vt)	bār kardan	بار کردن
carregamento (m)	bārgiri	بارگیری
descarregar (vt)	bārgiri	بارگیری
descarga (f)	bārandāz-i	باراندازی
transporte (m)	haml-o naql	حمل و نقل
companhia (f) de transporte	šerkat-e haml-o naql	شرکت حمل و نقل
transportar (vt)	haml kardan	حمل کردن
vagão (m) de carga	vāgon-e bari	واگن باری
cisterna (f)	maxzan	مخزن
camião (m)	kāmiyon	کامیون
máquina-ferramenta (f)	dastgāh	دستگاه
mecanismo (m)	mekānism	مکانیسم
resíduos (m pl) industriais	zāye'āt-e san'ati	ضایعات صنعتی
embalagem (f)	baste band-i	بسته بندی
embalar (vt)	baste bandi kardan	بسته بندی کردن

73. Contrato. Acordo

contrato (m)	qarārdād	قرارداد
acordo (m)	tavāfoq-e nāme	توافق نامه
adenda (f), anexo (m)	zamime	ضمیمه
assinar o contrato	qarārdād bastan	قرارداد بستن
assinatura (f)	emzā'	امضاء
assinar (vt)	emzā kardan	امضا کردن
carimbo (m)	mehr	مهر
objeto (m) do contrato	mowzu-'e qarārdād	موضوع قرارداد
cláusula (f)	mādde	ماده
partes (f pl)	tarafeyn	طرفین
morada (f) jurídica	ādres-e hoquqi	آدرس حقوقی
violar o contrato	naqz kardan-e qarārdād	نقض کردن قرارداد
obrigação (f)	ta'ahhod	تعهد
responsabilidade (f)	mas'uliyat	مسئولیت
força (f) maior	šarāyet-e ezterāri	شرایط اضطراری

| litígio (m), disputa (f) | xalāf | خلاف |
| multas (f pl) | eqdāmāt-e tanbihi | اقدامات تنبیهی |

74. Importação & Exportação

importação (f)	vāredāt	واردات
importador (m)	vāred konande	وارد کننده
importar (vt)	vāred kardan	وارد کردن
de importação	vāredāti	وارداتی

exportação (f)	sāderāt	صادرات
exportador (m)	sāder konande	صادر کننده
exportar (vt)	sāder kardan	صادر کردن
de exportação	sāderāti	صادراتی

| mercadoria (f) | kālā | کالا |
| lote (de mercadorias) | mahmule | محموله |

peso (m)	vazn	وزن
volume (m)	hajm	حجم
metro (m) cúbico	metr moka'ab	متر مکعب

produtor (m)	towlid konande	تولید کننده
companhia (f) de transporte	šerkat-e haml-o naql	شرکت حمل و نقل
contentor (m)	kāntiner	کانتینر

fronteira (f)	marz	مرز
alfândega (f)	gomrok	گمرک
taxa (f) alfandegária	avārez-e gomroki	عوارض گمرکی
funcionário (m) da alfândega	ma'mur-e gomrok	مأمور گمرک
contrabando (atividade)	qāčāq	قاچاق
contrabando (produtos)	ajnās-e qāčāq	اجناس قاچاق

75. Finanças

ação (f)	sahām	سهام
obrigação (f)	owrāq-e bahādār	اوراق بهادار
nota (f) promissória	safte	سفته

| bolsa (f) | burs | بورس |
| cotação (m) das ações | nerx-e sahām | نرخ سهام |

| tornar-se mais barato | arzān šodan | ارزان شدن |
| tornar-se mais caro | gerān šodan | گران شدن |

participação (f) maioritária	manāfe-'e kontoroli	منافع کنترلی
investimento (m)	sarmāye gozāri	سرمایه گذاری
investir (vt)	sarmāye gozāri kardan	سرمایه گذاری کردن
percentagem (f)	darsad	درصد
juros (m pl)	sud	سود
lucro (m)	sud	سود
lucrativo	sudāvar	سودآور

imposto (m)	māliyāt	ماليات
divisa (f)	arz	ارز
nacional	melli	ملی
câmbio (m)	tabādol	تبادل

contabilista (m)	hesābdār	حسابدار
contabilidade (f)	hesābdāri	حسابداری

bancarrota (f)	varšekastegi	ورشکستگی
falência (f)	šekast	شکست
ruína (f)	varšekastegi	ورشکستگی
arruinar-se (vr)	varšekast šodan	ورشکست شدن
inflação (f)	tavarrom	تورم
desvalorização (f)	taqlil-e arzeš-e pul	تقلیل ارزش پول

capital (m)	sarmāye	سرمایه
rendimento (m)	darāmad	درآمد
volume (m) de negócios	gardeš mo'āmelāt	گردش معاملات
recursos (m pl)	manābe'	منابع
recursos (m pl) financeiros	manābe-'e puli	منابع پولی

despesas (f pl) gerais	maxārej-e kolli	مخارج کلی
reduzir (vt)	kam kardan	کم کردن

76. Marketing

marketing (m)	bāzāryābi	بازاریابی
mercado (m)	bāzār	بازار
segmento (m) do mercado	baxše bāzār	بخش بازار

produto (m)	mahsul	محصول
mercadoria (f)	kālā	کالا

marca (f)	barand	برند
marca (f) comercial	nešān tejāri	نشان تجاری

logotipo (m)	logo	لوگو
logo (m)	logo	لوگو

demanda (f)	taqāzā	تقاضا
oferta (f)	arze	عرضه

necessidade (f)	ehtiyāj	احتیاج
consumidor (m)	masraf-e konande	مصرف کننده

análise (f)	tahlil	تحلیل
analisar (vt)	tahlil kardan	تحلیل کردن

posicionamento (m)	mowze' giri	موضع گیری
posicionar (vt)	mowze' giri kardan	موضع گیری کردن

preço (m)	qeymat	قیمت
política (f) de preços	siyāsat-e qeymat-e gozār-i	سیاست قیمت گذاری
formação (f) de preços	qeymat gozāri	قیمت گذاری

77. Publicidade

publicidade (f)	āgahi	آگهی
publicitar (vt)	tabliq kardan	تبلیغ کردن
orçamento (m)	budje	بودجه

anúncio (m) publicitário	āgahi	آگهی
publicidade (f) televisiva	tabliqāt-e televiziyoni	تبلیغات تلویزیونی
publicidade (f) na rádio	tabliqāt-e rādiyoyi	تبلیغات رادیویی
publicidade (f) exterior	āgahi-ye biruni	آگهی بیرونی

comunicação (f) de massa	resāne-hay-e jam'i	رسانه های جمعی
periódico (m)	našriye-ye dowrei	نشریة دوره ای
imagem (f)	temsāl	تمثال

slogan (m)	šo'ār	شعار
mote (m), divisa (f)	šo'ār	شعار

campanha (f)	kampeyn	کمپین
companha (f) publicitária	kampeyn-e tabliqāti	کمپین تبلیغاتی
grupo (m) alvo	goruh-e hadaf	گروه هدف

cartão (m) de visita	kārt-e vizit	کارت ویزیت
flyer (m)	borušur	بروشور
brochura (f)	borušur	بروشور
folheto (m)	ketābče	کتابچه
boletim (~ informativo)	xabarnāme	خبرنامه

letreiro (m)	tāblo	تابلو
cartaz, póster (m)	poster	پوستر
painel (m) publicitário	bilbord	بیلبورد

78. Banca

banco (m)	bānk	بانک
sucursal, balcão (f)	šo'be	شعبه

consultor (m)	mošāver	مشاور
gerente (m)	modir	مدیر

conta (f)	hesāb-e bānki	حساب بانکی
número (m) da conta	šomāre-ye hesāb	شمارۀ حساب
conta (f) corrente	hesāb-e jāri	حساب جاری
conta (f) poupança	hesāb-e pasandāz	حساب پس انداز

abrir uma conta	hesāb-e bāz kardan	حساب باز کردن
fechar uma conta	hesāb rā bastan	حساب را بستن
depositar na conta	be hesāb rixtan	به حساب ریختن
levantar (vt)	az hesāb bardāštan	از حساب برداشتن

depósito (m)	seporde	سپرده
fazer um depósito	seporde gozāštan	سپرده گذاشتن
transferência (f) bancária	enteqāl	انتقال

transferir (vt)	enteqāl dādan	انتقال دادن
soma (f)	jam'-e kol	جمع کل
Quanto?	čeqadr?	چقدر؟
assinatura (f)	emzā'	امضاء
assinar (vt)	emzā kardan	امضا کردن
cartão (m) de crédito	kārt-e e'tebāri	کارت اعتباری
código (m)	kod	کد
número (m) do cartão de crédito	šomāre-ye kārt-e e'tebāri	شماره کارت اعتباری
Caixa Multibanco (m)	xodpardāz	خودپرداز
cheque (m)	ček	چک
passar um cheque	ček neveštan	چک نوشتن
livro (m) de cheques	daste-ye ček	دسته چک
empréstimo (m)	e'tebār	اعتبار
pedir um empréstimo	darxāst-e vam kardan	درخواست وام کردن
obter um empréstimo	vām gereftan	وام گرفتن
conceder um empréstimo	vām dādan	وام دادن
garantia (f)	zemānat	ضمانت

79. Telefone. Conversação telefónica

telefone (m)	telefon	تلفن
telemóvel (m)	telefon-e hamrāh	تلفن همراه
secretária (f) electrónica	monši-ye telefoni	منشی تلفنی
fazer uma chamada	telefon zadan	تلفن زدن
chamada (f)	tamās-e telefoni	تماس تلفنی
marcar um número	šomāre gereftan	شماره گرفتن
Alô!	alo!	الو!
perguntar (vt)	porsidan	پرسیدن
responder (vt)	javāb dādan	جواب دادن
ouvir (vt)	šenidan	شنیدن
bem	xub	خوب
mal	bad	بد
ruído (m)	sedā	صدا
auscultador (m)	guši	گوشی
pegar o telefone	guši rā bar dāštan	گوشی را برداشتن
desligar (vi)	guši rā gozāštan	گوشی را گذاشتن
ocupado	mašqul	مشغول
tocar (vi)	zang zadan	زنگ زدن
lista (f) telefónica	daftar-e telefon	دفتر تلفن
local	mahalli	محلی
chamada (f) local	telefon-e dāxeli	تلفن داخلی
de longa distância	beyn-e šahri	بین شهری
chamada (f) de longa distância	telefon-e beyn-e šahri	تلفن بین شهری

| internacional | beynolmelali | بین المللی |
| chamada (f) internacional | telefon-e beynolmelali | تلفن بین المللی |

80. Telefone móvel

telemóvel (m)	telefon-e hamrāh	تلفن همراه
ecrã (m)	namāyešgar	نمایشگر
botão (m)	dokme	دکمه
cartão SIM (m)	sim-e kārt	سیم کارت

bateria (f)	bātri	باطری
descarregar-se	tamām šodan bātri	تمام شدن باتری
carregador (m)	šāržer	شارژ

| menu (m) | meno | منو |
| definições (f pl) | tanzimāt | تنظیمات |

| melodia (f) | āhang | آهنگ |
| escolher (vt) | entexāb kardan | انتخاب کردن |

calculadora (f)	māšin-e hesāb	ماشین حساب
correio (m) de voz	monši-ye telefoni	منشی تلفنی
despertador (m)	sā'at-e zang dār	ساعت زنگ دار
contatos (m pl)	daftar-e telefon	دفتر تلفن

| mensagem (f) de texto | payāmak | پیامک |
| assinante (m) | moštarek | مشترک |

81. Estacionário

| caneta (f) | xodkār | خودکار |
| caneta (f) tinteiro | xodnevis | خودنویس |

lápis (m)	medād	مداد
marcador (m)	māžik	ماژیک
caneta (f) de feltro	māžik	ماژیک

| bloco (m) de notas | daftar-e yāddāšt | دفتر یادداشت |
| agenda (f) | daftar-e yāddāšt | دفتر یادداشت |

régua (f)	xat keš	خط کش
calculadora (f)	māšin-e hesāb	ماشین حساب
borracha (f)	pāk kon	پاک کن

| pionés (m) | punez | پونز |
| clipe (m) | gire | گیره |

| cola (f) | časb | چسب |
| agrafador (m) | mangane-ye zan | منگنه زن |

| furador (m) | pānč | پانچ |
| afia-lápis (m) | madād-e tarāš | مداد تراش |

82. Tipos de negócios

serviços (m pl) de contabilidade	xadamāt-e hesābdāri	خدمات حسابداری
publicidade (f)	āgahi	آگهی
agência (f) de publicidade	āžāns-e tabliqāti	آژانس تبلیغاتی
ar (m) condicionado	tahviye-ye matbu'	تهویه مطبوع
companhia (f) aérea	šerkat-e havāpeymāyi	شرکت هواپیمایی
bebidas (f pl) alcoólicas	mašrubāt-e alkoli	مشروبات الکلی
comércio (m) de antiguidades	atiqe	عتیقه
galeria (f) de arte	gāleri-ye honari	گالری هنری
serviços (m pl) de auditoria	xadamāt-e momayyezi	خدمات ممیزی
negócios (m pl) bancários	bānk-dāri	بانکداری
bar (m)	bār	بار
salão (m) de beleza	sālon-e zibāyi	سالن زیبایی
livraria (f)	ketāb-foruši	کتاب فروشی
cervejaria (f)	ābe jow-sāzi	آب جوسازی
centro (m) de escritórios	markaz-e tejāri	مرکز تجاری
escola (f) de negócios	moassese-ye bāzargāni	موسسه بازرگانی
casino (m)	kāzino	کازینو
construção (f)	sāxtemān	ساختمان
serviços (m pl) de consultoria	mošavere	مشاوره
estomatologia (f)	dandān-e pezeški	دندان پزشکی
design (m)	tarrāhi	طراحی
farmácia (f)	dāruxāne	داروخانه
lavandaria (f)	xošk-šuyi	خشکشویی
agência (f) de emprego	āžāns-e kāryābi	آژانس کاریابی
serviços (m pl) financeiros	xadamāt-e māli	خدمات مالی
alimentos (m pl)	mavādd-e qazāyi	مواد غذایی
agência (f) funerária	xadamat-e kafno dafn	خدمات کفن ودفن
mobiliário (m)	mobl	مبل
roupa (f)	lebās	لباس
hotel (m)	hotel	هتل
gelado (m)	bastani	بستنی
indústria (f)	san'at	صنعت
seguro (m)	bime	بیمه
internet (f)	internet	اینترنت
investimento (m)	sarmāye gozāri	سرمایه گذاری
joalheiro (m)	javāheri	جواهری
joias (f pl)	javāherāt	جواهرات
lavandaria (f)	xošk-šuyi	خشکشویی
serviços (m pl) jurídicos	xadamāt-e hoquqi	خدمات حقوقی
indústria (f) ligeira	sanāye-'e sabok	صنایع سبک
revista (f)	majalle	مجله
vendas (f pl) por catálogo	foruš-e sefāreš-e posti	فروش سفارش پستی
medicina (f)	pezeški	پزشکی
cinema (m)	sinamā	سینما

museu (m)	muze	موزه
agência (f) de notícias	xabar-gozari	خبرگزاری
jornal (m)	ruznāme	روزنامه
clube (m) noturno	kābāre	کاباره
petróleo (m)	naft	نفت
serviço (m) de encomendas	xadamāt-e post	خدمات پست
indústria (f) farmacêutica	dārusāzi	داروسازی
poligrafia (f)	sahhāfi	صحافی
editora (f)	entešārāt	انتشارات
rádio (m)	rādiyo	رادیو
imobiliário (m)	amvāl-e qeyr-e manqul	اموال غیر منقول
restaurante (m)	resturān	رستوران
empresa (f) de segurança	āžāns-e amniyati	آژانس امنیتی
desporto (m)	varzeš	ورزش
bolsa (f)	burs	بورس
loja (f)	maqāze	مغازه
supermercado (m)	supermārket	سوپرمارکت
piscina (f)	estaxr	استخر
alfaiataria (f)	xayyāti	خیاطی
televisão (f)	televiziyon	تلویزیون
teatro (m)	teātr	تئاتر
comércio (atividade)	tejārat	تجارت
serviços (m pl) de transporte	haml-o naql	حمل و نقل
viagens (f pl)	turism	توریسم
veterinário (m)	dāmpezešk	دامپزشک
armazém (m)	anbār	انبار
recolha (f) do lixo	jam āvari-ye zobāle	جمع آوری زباله

Emprego. Negócios. Parte 2

83. Espetáculo. Feira

feira (f)	namāyešgāh	نمایشگاه
feira (f) comercial	namāyešgāh-e tejāri	نمایشگاه تجاری
participação (f)	šerkat	شرکت
participar (vi)	šerekat kardan	شرکت کردن
participante (m)	šerekat konande	شرکت کننده
diretor (m)	ra'is	رئیس
direção (f)	daftar-e modiriyat	دفتر مدیریت
organizador (m)	sāzmān dahande	سازمان دهنده
organizar (vt)	sāzmān dādan	سازمان دادن
ficha (f) de inscrição	darxāst-e šerkat	درخواست شرکت
preencher (vt)	por kardan	پر کردن
detalhes (m pl)	joz'iyāt	جزئیات
informação (f)	ettelā'āt	اطلاعات
preço (m)	arzeš	ارزش
incluindo	šāmel	شامل
incluir (vt)	šāmel šodan	شامل شدن
pagar (vt)	pardāxtan	پرداختن
taxa (f) de inscrição	haqq-e sabt	حق ثبت
entrada (f)	vorud	ورود
pavilhão (m)	qorfe	غرفه
inscrever (vt)	sabt kardan	ثبت کردن
crachá (m)	kārt-e šenāsāyi	کارت شناسایی
stand (m)	qorfe	غرفه
reservar (vt)	rezerv kardan	رزرو کردن
vitrina (f)	vitrin	ویترین
foco, spot (m)	nurafkan	نورافکن
design (m)	tarh	طرح
pôr, colocar (vt)	qarār dādan	قرار دادن
ser colocado, -a	qarār gereftan	قرار گرفتن
distribuidor (m)	towzi' konande	توزیع کننده
fornecedor (m)	arze konande	عرضه کننده
fornecer (vt)	arze kardan	عرضه کردن
país (m)	kešvar	کشور
estrangeiro	xāreji	خارجی
produto (m)	mahsul	محصول
associação (f)	anjoman	انجمن
sala (f) de conferências	tālār-e konferāns	تالار کنفرانس

congresso (m)	kongere	کنگره
concurso (m)	mosābeqe	مسابقه
visitante (m)	bāzdid konande	بازدید کننده
visitar (vt)	bāzdid kardan	بازدید کردن
cliente (m)	moštari	مشتری

84. Ciência. Investigação. Cientistas

ciência (f)	elm	علم
científico	elmi	علمی
cientista (m)	dānešmand	دانشمند
teoria (f)	nazariye	نظریه
axioma (m)	qā'ede-ye kolli	قاعده کلی
análise (f)	tahlil	تحلیل
analisar (vt)	tahlil kardan	تحلیل کردن
argumento (m)	dalil	دلیل
substância (f)	mādde	ماده
hipótese (f)	farziye	فرضیه
dilema (m)	dorāhi	دوراهی
tese (f)	pāyān nāme	پایان نامه
dogma (m)	aqide	عقیده
doutrina (f)	doktorin	دکترین
pesquisa (f)	tahqiq	تحقیق
pesquisar (vt)	tahghigh kardan	تحقیق کردن
teste (m)	āzmāyeš	آزمایش
laboratório (m)	āzmāyešgāh	آزمایشگاه
método (m)	raveš	روش
molécula (f)	molekul	مولکول
monitoramento (m)	nozzār-at	نظارت
descoberta (f)	kašf	کشف
postulado (m)	engāre	انگاره
princípio (m)	asl	اصل
prognóstico (previsão)	piš bini	پیش بینی
prognosticar (vt)	pišbini kardan	پیش بینی کردن
síntese (f)	santez	سنتز
tendência (f)	gerāyeš	گرایش
teorema (m)	qaziye	قضیه
ensinamentos (m pl)	āmuzeš	آموزش
facto (m)	haqiqat	حقیقت
expedição (f)	safar	سفر
experiência (f)	āzmāyeš	آزمایش
académico (m)	ozv-e ākādemi	عضو آکادمی
bacharel (m)	lisāns	لیسانس
doutor (m)	pezešk	پزشک
docente (m)	dānešyār	دانشیار

mestre (m)	foqe lisāns	فوق لیسانس
professor (m) catedrático	porofosor	پروفسور

Profissões e ocupações

85. Procura de emprego. Demissão

trabalho (m)	kār	کار
equipa (f)	kārmandān	کارمندان
pessoal (m)	kādr	کادر
carreira (f)	šoql	شغل
perspetivas (f pl)	durnamā	دورنما
mestria (f)	mahārat	مهارت
seleção (f)	entexāb	انتخاب
agência (f) de emprego	āžāns-e kāryābi	آژانس کاریابی
CV, currículo (m)	rezume	رزومه
entrevista (f) de emprego	mosāhabe-ye kari	مصاحبه کاری
vaga (f)	post-e xāli	پست خالی
salário (m)	hoquq	حقوق
salário (m) fixo	darāmad-e s ābet	درآمد ثابت
pagamento (m)	pardāxt	پرداخت
posto (m)	šoql	شغل
dever (do empregado)	vazife	وظیفه
gama (f) de deveres	šarh-e vazāyef	شرح وظایف
ocupado	mašqul	مشغول
despedir, demitir (vt)	exrāj kardan	اخراج کردن
demissão (f)	exrāj	اخراج
desemprego (m)	bikāri	بیکاری
desempregado (m)	bikār	بیکار
reforma (f)	mostamerri	مستمری
reformar-se	bāznešaste šodan	بازنشسته شدن

86. Gente de negócios

diretor (m)	modir	مدیر
gerente (m)	modir	مدیر
patrão, chefe (m)	ra'is	رئیس
superior (m)	māfowq	مافوق
superiores (m pl)	roasā	رؤسا
presidente (m)	ra'is jomhur	رئیس جمهور
presidente (m) de direção	ra'is	رئیس
substituto (m)	mo'āven	معاون
assistente (m)	mo'āven	معاون

secretário (m)	monši	منشی
secretário (m) pessoal	dastyār-e šaxsi	دستیار شخصی
homem (m) de negócios	bāzargān	بازرگان
empresário (m)	kārāfarin	کارآفرین
fundador (m)	moasses	مؤسس
fundar (vt)	ta'sis kardan	تأسیس کردن
fundador, sócio (m)	hamkār	همکار
parceiro, sócio (m)	šarik	شریک
acionista (m)	sahāmdār	سهامدار
milionário (m)	milyuner	میلیونر
bilionário (m)	milyārder	میلیاردر
proprietário (m)	sāheb	صاحب
proprietário (m) de terras	zamin-dār	زمین دار
cliente (m)	xaridār	خریدار
cliente (m) habitual	xaridār-e dāemi	خریدار دائمی
comprador (m)	xaridār	خریدار
visitante (m)	bāzdid konande	بازدید کننده
profissional (m)	herfe i	حرفه ای
perito (m)	kāršenās	کارشناس
especialista (m)	motexasses	متخصص
banqueiro (m)	kārmand-e bānk	کارمند بانک
corretor (m)	dallāl-e kārgozār	دلال کارگزار
caixa (m, f)	sanduqdār	صندوقدار
contabilista (m)	hesābdār	حسابدار
guarda (m)	negahbān	نگهبان
investidor (m)	sarmāye gozār	سرمایه گذار
devedor (m)	bedehkār	بدهکار
credor (m)	talabkār	طلبکار
mutuário (m)	vām girande	وام گیرنده
importador (m)	vāred konande	وارد کننده
exportador (m)	sāder konande	صادر کننده
produtor (m)	towlid konande	تولید کننده
distribuidor (m)	towzi' konande	توزیع کننده
intermediário (m)	vāsete	واسطه
consultor (m)	mošāver	مشاور
representante (m)	namāyande	نماینده
agente (m)	namāyande	نماینده
agente (m) de seguros	namāyande-ye bime	نمایندهٔ بیمه

87. Profissões de serviços

cozinheiro (m)	āšpaz	آشپز
cozinheiro chefe (m)	sarāšpaz	سرآشپز

padeiro (m)	nānvā	نانوا
barman (m)	motesaddi-ye bār	متصدی بار
empregado (m) de mesa	pišxedmat	پیشخدمت
empregada (f) de mesa	pišxedmat	پیشخدمت

advogado (m)	vakil	وکیل
jurista (m)	hoquq dān	حقوق دان
notário (m)	daftardār	دفتردار

eletricista (m)	barq-e kār	برق کار
canalizador (m)	lule keš	لوله کش
carpinteiro (m)	najjār	نجار

massagista (m)	māsāž dahande	ماساژ دهنده
massagista (f)	māsāž dahande	ماساژ دهنده
médico (m)	pezešk	پزشک

taxista (m)	rānande-ye tāksi	راننده تاکسی
condutor (automobilista)	rānande	راننده
entregador (m)	peyk	پیک

camareira (f)	mostaxdem	مستخدم
guarda (m)	negahbān	نگهبان
hospedeira (f) de bordo	mehmāndār-e havāpeymā	مهماندار هواپیما

professor (m)	moʿallem	معلم
bibliotecário (m)	ketābdār	کتابدار
tradutor (m)	motarjem	مترجم
intérprete (m)	motarjem-e šafāhi	مترجم شفاهی
guia (pessoa)	rāhnamā-ye tur	راهنمای تور

cabeleireiro (m)	ārāyešgar	آرایشگر
carteiro (m)	nāme resān	نامه رسان
vendedor (m)	forušande	فروشنده

jardineiro (m)	bāqbān	باغبان
criado (m)	nowkar	نوکر
criada (f)	xedmatkār	خدمتکار
empregada (f) de limpeza	zan-e nezāfatči	زن نظافتچی

88. Profissões militares e postos

soldado (m) raso	sarbāz	سرباز
sargento (m)	goruhbān	گروهبان
tenente (m)	sotvān	ستوان
capitão (m)	kāpitān	کاپیتان

major (m)	sargord	سرگرد
coronel (m)	sarhang	سرهنگ
general (m)	ženerāl	ژنرال
marechal (m)	māršāl	مارشال
almirante (m)	daryāsālār	دریاسالار
militar (m)	nezāmi	نظامی
soldado (m)	sarbāz	سرباز

oficial (m)	afsar	افسر
comandante (m)	farmāndeh	فرمانده
guarda (m) fronteiriço	marzbān	مرزبان
operador (m) de rádio	bisim či	بیسیم چی
explorador (m)	ettelāʾāti	اطلاعاتی
sapador (m)	mohandes estehkāmāt	مهندس استحکامات
atirador (m)	tirandāz	تیرانداز
navegador (m)	nāvbar	ناوبر

89. Oficiais. Padres

rei (m)	šāh	شاه
rainha (f)	maleke	ملکه
príncipe (m)	šāhzāde	شاهزاده
princesa (f)	pranses	پرنسس
czar (m)	tezār	تزار
czarina (f)	maleke	ملکه
presidente (m)	raʾis jomhur	رئیس جمهور
ministro (m)	vazir	وزیر
primeiro-ministro (m)	noxost vazir	نخست وزیر
senador (m)	senātor	سناتور
diplomata (m)	diplomāt	دیپلمات
cônsul (m)	konsul	کنسول
embaixador (m)	safir	سفیر
conselheiro (m)	mošāver	مشاور
funcionário (m)	kārmand	کارمند
prefeito (m)	baxšdār	بخشدار
Presidente (m) da Câmara	šahrdār	شهردار
juiz (m)	qāzi	قاضی
procurador (m)	dādsetān	دادستان
missionário (m)	misiyoner	میسیونر
monge (m)	rāheb	راهب
abade (m)	rāheb-e bozorg	راهب بزرگ
rabino (m)	xāxām	خاخام
vizir (m)	vazir	وزیر
xá (m)	šāh	شاه
xeque (m)	šeyx	شیخ

90. Profissões agrícolas

apicultor (m)	zanburdār	زنبوردار
pastor (m)	čupān	چوپان
agrónomo (m)	motexasses-e kešāvarzi	متخصص کشاورزی

criador (m) de gado	dāmparvar	دامپرور
veterinário (m)	dāmpezešk	دامپزشک
agricultor (m)	kešāvarz	کشاورز
vinicultor (m)	šarāb sāz	شراب ساز
zoólogo (m)	jānevar-šenās	جانور شناس
cowboy (m)	gāvčerān	گاوچران

91. Profissões artísticas

ator (m)	bāzigar	بازیگر
atriz (f)	bāzigar	بازیگر
cantor (m)	xānande	خواننده
cantora (f)	xānande	خواننده
bailarino (m)	raqqās	رقاص
bailarina (f)	raqqāse	رقاصه
artista (m)	honarpiše	هنرپیشه
artista (f)	honarpiše	هنرپیشه
músico (m)	muzisiyan	موزیسین
pianista (m)	piyānist	پیانیست
guitarrista (m)	gitārist	گیتاریست
maestro (m)	rahbar-e orkestr	رهبر ارکستر
compositor (m)	āhangsāz	آهنگساز
empresário (m)	modir-e operā	مدیر اپرا
realizador (m)	kārgardān	کارگردان
produtor (m)	tahiye konande	تهیه کننده
argumentista (m)	senārist	سناریست
crítico (m)	montaqed	منتقد
escritor (m)	nevisande	نویسنده
poeta (m)	šā'er	شاعر
escultor (m)	mojassame sāz	مجسمه ساز
pintor (m)	naqqāš	نقاش
malabarista (m)	tardast	تردست
palhaço (m)	dalqak	دلقک
acrobata (m)	ākrobāt	آکروبات
mágico (m)	šo'bade bāz	شعبده باز

92. Várias profissões

médico (m)	pezešk	پزشک
enfermeira (f)	parastār	پرستار
psiquiatra (m)	ravānpezešk	روانپزشک
estomatologista (m)	dandān pezešk	دندان پزشک
cirurgião (m)	jarrāh	جراح

astronauta (m)	fazānavard	فضانورد
astrónomo (m)	setāre-šenās	ستاره شناس
piloto (m)	xalabān	خلبان
motorista (m)	rānande	راننده
maquinista (m)	rānande	راننده
mecânico (m)	mekānik	مکانیک
mineiro (m)	ma'danči	معدنچی
operário (m)	kārgar	کارگر
serralheiro (m)	qofl sāz	قفل ساز
marceneiro (m)	najjār	نجار
torneiro (m)	tarrāš kār	تراش کار
construtor (m)	kārgar-e sāxtemāni	کارگر ساختمانی
soldador (m)	juš kār	جوش کار
professor (m) catedrático	porofosor	پروفسور
arquiteto (m)	me'mār	معمار
historiador (m)	movarrex	مورخ
cientista (m)	dānešmand	دانشمند
físico (m)	fizikdān	فیزیکدان
químico (m)	šimi dān	شیمی دان
arqueólogo (m)	bāstān-šenās	باستان شناس
geólogo (m)	zamin-šenās	زمین شناس
pesquisador (cientista)	pažuhešgar	پژوهشگر
babysitter (f)	parastār bače	پرستار بچه
professor (m)	āmuzgār	آموزگار
redator (m)	virāstār	ویراستار
redator-chefe (m)	sardabir	سردبیر
correspondente (m)	xabarnegār	خبرنگار
datilógrafa (f)	māšin nevis	ماشین نویس
designer (m)	tarāh	طراح
especialista (m) em informática	kāršenās kāmpiyuter	کارشناس کامپیوتر
programador (m)	barnāme-ye nevis	برنامه نویس
engenheiro (m)	mohandes	مهندس
marujo (m)	malavān	ملوان
marinheiro (m)	malavān	ملوان
salvador (m)	nejāt-e dahande	نجات دهنده
bombeiro (m)	ātaš nešān	آتش نشان
polícia (m)	polis	پلیس
guarda-noturno (m)	mohāfez	محافظ
detetive (m)	kārāgāh	کارآگاه
funcionário (m) da alfândega	ma'mur-e gomrok	مامور گمرک
guarda-costas (m)	mohāfez-e šaxsi	محافظ شخصی
guarda (m) prisional	negahbān zendān	نگهبان زندان
inspetor (m)	bāzres	بازرس
desportista (m)	varzeškār	ورزشکار
treinador (m)	morabbi	مربی

talhante (m)	qassāb	قصاب
sapateiro (m)	kaffāš	کفاش
comerciante (m)	bāzargān	بازرگان
carregador (m)	bārbar	باربر
estilista (m)	tarrāh-e lebas	طراح لباس
modelo (f)	model-e zan	مدل زن

93. Ocupações. Estatuto social

aluno, escolar (m)	dāneš-āmuz	دانش آموز
estudante (~ universitária)	dānešju	دانشجو
filósofo (m)	filsuf	فیلسوف
economista (m)	eqtesāddān	اقتصاددان
inventor (m)	moxtare'	مخترع
desempregado (m)	bikār	بیکار
reformado (m)	bāznešaste	بازنشسته
espião (m)	jāsus	جاسوس
preso (m)	zendāni	زندانی
grevista (m)	e'tesāb konande	اعتصاب کننده
burocrata (m)	ma'mur-e edāri	مأمور اداری
viajante (m)	mosāfer	مسافر
homossexual (m)	hamjens-e bāz	همجنس باز
hacker (m)	haker	هکر
hippie	hipi	هیپی
bandido (m)	rāhzan	راهزن
assassino (m) a soldo	ādamkoš	آدمکش
toxicodependente (m)	mo'tād	معتاد
traficante (m)	forušande-ye mavādd-e moxadder	فروشندۀ مواد مخدر
prostituta (f)	fāheše	فاحشه
chulo (m)	jākeš	جاکش
bruxo (m)	jādugar	جادوگر
bruxa (f)	jādugar	جادوگر
pirata (m)	dozd-e daryāyi	دزد دریایی
escravo (m)	borde	برده
samurai (m)	sāmurāyi	سامورایی
selvagem (m)	vahši	وحشی

Educação

94. Escola

escola (f)	madrese	مدرسه
diretor (m) de escola	modir-e madrese	مدیر مدرسه
aluno (m)	dāneš-āmuz	دانش آموز
aluna (f)	dāneš-āmuz	دانش آموز
escolar (m)	dāneš-āmuz	دانش آموز
escolar (f)	dāneš-āmuz	دانش آموز
ensinar (vt)	āmuxtan	آموختن
aprender (vt)	yād gereftan	یاد گرفتن
aprender de cor	az hefz kardan	از حفظ کردن
estudar (vi)	yād gereftan	یاد گرفتن
andar na escola	tahsil kardan	تحصیل کردن
ir à escola	madrese raftan	مدرسه رفتن
alfabeto (m)	alefbā	الفبا
disciplina (f)	mabhas	مبحث
sala (f) de aula	kelās	کلاس
lição (f)	dars	درس
recreio (m)	zang-e tafrih	زنگ تفریح
toque (m)	zang	زنگ
carteira (f)	miz-e tahrir	میز تحریر
quadro (m) negro	taxte-ye siyāh	تخته سیاه
nota (f)	nomre	نمره
boa nota (f)	nomre-ye xub	نمرهٔ خوب
nota (f) baixa	nomre-ye bad	نمرهٔ بد
dar uma nota	nomre gozāštan	نمره گذاشتن
erro (m)	eštebāh	اشتباه
fazer erros	eštebāh kardan	اشتباه کردن
corrigir (vt)	eslāh kardan	اصلاح کردن
cábula (f)	taqallob	تقلب
dever (m) de casa	taklif manzel	تکلیف منزل
exercício (m)	tamrin	تمرین
estar presente	hozur dāštan	حضور داشتن
estar ausente	qāyeb budan	غایب بودن
faltar às aulas	az madrese qāyeb budan	از مدرسه غایب بودن
punir (vt)	tanbih kardan	تنبیه کردن
punição (f)	tanbih	تنبیه
comportamento (m)	raftār	رفتار

boletim (m) escolar	gozāreš-e ruzāne	گزارش روزانه
lápis (m)	medād	مداد
borracha (f)	pāk kon	پاک کن
giz (m)	gač	گچ
estojo (m)	qalamdān	قلمدان

pasta (f) escolar	kif madrese	کیف مدرسه
caneta (f)	xodkār	خودکار
caderno (m)	daftar	دفتر
manual (m) escolar	ketāb-e darsi	کتاب درسی
compasso (m)	pargār	پرگار

| traçar (vt) | rasm kardan | رسم کردن |
| desenho (m) técnico | rasm-e fani | رسم فنی |

poesia (f)	še'r	شعر
de cor	az hefz	از حفظ
aprender de cor	az hefz kardan	از حفظ کردن

férias (f pl)	ta'tilāt	تعطیلات
estar de férias	dar ta'tilāt budan	در تعطیلات بودن
passar as férias	ta'tilāt rā gozarāndan	تعطیلات را گذراندن

teste (m)	emtehān	امتحان
composição, redação (f)	enšā'	انشاء
ditado (m)	dikte	دیکته
exame (m)	emtehān	امتحان
fazer exame	emtehān dādan	امتحان دادن
experiência (~ química)	āzmāyeš	آزمایش

95. Colégio. Universidade

academia (f)	farhangestān	فرهنگستان
universidade (f)	dānešgāh	دانشگاه
faculdade (f)	dāneškade	دانشکده

estudante (m)	dānešju	دانشجو
estudante (f)	dānešju	دانشجو
professor (m)	ostād	استاد

| sala (f) de palestras | kelās | کلاس |
| graduado (m) | fāreqottahsil | فارغ التحصیل |

| diploma (m) | diplom | دیپلم |
| tese (f) | pāyān nāme | پایان نامه |

| estudo (obra) | tahqiqe elmi | تحقیق علمی |
| laboratório (m) | āzmāyešgāh | آزمایشگاه |

| palestra (f) | soxanrāni | سخنرانی |
| colega (m) de curso | ha mdowre i | هم دوره ای |

| bolsa (f) de estudos | burse tahsili | بورس تحصیلی |
| grau (m) académico | daraje-ye elmi | درجۀ علمی |

96. Ciências. Disciplinas

matemática (f)	riyāziyāt	ریاضیات
álgebra (f)	jabr	جبر
geometria (f)	hendese	هندسه
astronomia (f)	setāre-šenāsi	ستاره شناسی
biologia (f)	zist-šenāsi	زیست شناسی
geografia (f)	joqrāfiyā	جغرافیا
geologia (f)	zamin-šenāsi	زمین شناسی
história (f)	tārix	تاریخ
medicina (f)	pezeški	پزشکی
pedagogia (f)	olume tarbiyati	علوم تربیتی
direito (m)	hoquq	حقوق
física (f)	fizik	فیزیک
química (f)	šimi	شیمی
filosofia (f)	falsafe	فلسفه
psicologia (f)	ravānšenāsi	روانشناسی

97. Sistema de escrita. Ortografia

gramática (f)	gerāmer	گرامر
vocabulário (m)	vājegān	واژگان
fonética (f)	sadā-šenāsi	صداشناسی
substantivo (m)	esm	اسم
adjetivo (m)	sefat	صفت
verbo (m)	fe'l	فعل
advérbio (m)	qeyd	قید
pronome (m)	zamir	ضمیر
interjeição (f)	harf-e nedā	حرف ندا
preposição (f)	harf-e ezāfe	حرف اضافه
raiz (f) da palavra	riše-ye kalame	ریشه کلمه
terminação (f)	pasvand	پسوند
prefixo (m)	pišvand	پیشوند
sílaba (f)	hejā	هجا
sufixo (m)	pasvand	پسوند
acento (m)	fešar-e hejā	فشار هجا
apóstrofo (m)	āpostrof	آپوستروف
ponto (m)	noqte	نقطه
vírgula (f)	virgul	ویرگول
ponto e vírgula (m)	noqte virgul	نقطه ویرگول
dois pontos (m pl)	donoqte	دونقطه
reticências (f pl)	čand noqte	چند نقطه
ponto (m) de interrogação	alāmat-e soāl	علامت سؤال
ponto (m) de exclamação	alāmat-e taajjob	علامت تعجب

aspas (f pl)	giyume	گیومه
entre aspas	dar giyume	در گیومه
parênteses (m pl)	parāntez	پرانتز
entre parênteses	dar parāntez	در پرانتز
hífen (m)	xatt-e vāsel	خط واصل
travessão (m)	xatt-e tire	خط تیره
espaço (m)	fāsele	فاصله
letra (f)	harf	حرف
letra (f) maiúscula	harf-e bozorg	حرف بزرگ
vogal (f)	sedādār	صدادار
consoante (f)	sāmet	صامت
frase (f)	jomle	جمله
sujeito (m)	nahād	نهاد
predicado (m)	gozāre	گزاره
linha (f)	satr	سطر
em uma nova linha	sar-e satr	سر سطر
parágrafo (m)	band	بند
palavra (f)	kalame	کلمه
grupo (m) de palavras	ebārat	عبارت
expressão (f)	bayān	بیان
sinónimo (m)	moterādef	مترادف
antónimo (m)	motezād	متضاد
regra (f)	qā'ede	قاعده
exceção (f)	estesnā	استثنا
correto	sahih	صحیح
conjugação (f)	sarf	صرف
declinação (f)	sarf-e kalemāt	صرف کلمات
caso (m)	hālat	حالت
pergunta (f)	soāl	سؤال
sublinhar (vt)	xatt kešidan	خط کشیدن
linha (f) pontilhada	noqte čin	نقطه چین

98. Línguas estrangeiras

língua (f)	zabān	زبان
estrangeiro	xāreji	خارجی
língua (f) estrangeira	zabān-e xāreji	زبان خارجی
estudar (vt)	dars xāndan	درس خواندن
aprender (vt)	yād gereftan	یاد گرفتن
ler (vt)	xāndan	خواندن
falar (vi)	harf zadan	حرف زدن
compreender (vt)	fahmidan	فهمیدن
escrever (vt)	neveštan	نوشتن
rapidamente	sari'	سریع
devagar	āheste	آهسته

fluentemente	ravān	روان
regras (f pl)	qavā'ed	قواعد
gramática (f)	gerāmer	گرامر
vocabulário (m)	vājegān	واژگان
fonética (f)	āvā-šenāsi	آواشناسی
manual (m) escolar	ketāb-e darsi	کتاب درسی
dicionário (m)	farhang-e loqat	فرهنگ لغت
manual (m) de autoaprendizagem	xod-āmuz	خودآموز
guia (m) de conversação	ketāb-e mokāleme	کتاب مکالمه
cassete (f)	kāst	کاست
vídeo cassete (m)	kāst-e video	کاست ویدئو
CD (m)	si-di	سیدی
DVD (m)	dey vey dey	دی وی دی
alfabeto (m)	alefbā	الفبا
soletrar (vt)	heji kardan	هجی کردن
pronúncia (f)	talaffoz	تلفظ
sotaque (m)	lahje	لهجه
com sotaque	bā lahje	با لهجه
sem sotaque	bi lahje	بی لهجه
palavra (f)	kalame	کلمه
sentido (m)	ma'ni	معنی
cursos (m pl)	dowre	دوره
inscrever-se (vr)	nām-nevisi kardan	نام نویسی کردن
professor (m)	ostād	استاد
tradução (processo)	tarjome	ترجمه
tradução (texto)	tarjome	ترجمه
tradutor (m)	motarjem	مترجم
intérprete (m)	motarjem-e šafāhi	مترجم شفاهی
poliglota (m)	čand zabāni	چند زبانی
memória (f)	hāfeze	حافظه

Descanso. Entretenimento. Viagens

99. Viagens

turismo (m)	gardešgari	گردشگری
turista (m)	turist	توریست
viagem (f)	mosāferat	مسافرت
aventura (f)	mājarā	ماجرا
viagem (f)	safar	سفر

férias (f pl)	moraxxasi	مرخصی
estar de férias	dar moraxassi budan	در مرخصی بودن
descanso (m)	esterāhat	استراحت

comboio (m)	qatār	قطار
de comboio (chegar ~)	bā qatār	با قطار
avião (m)	havāpeymā	هواپیما
de avião	bā havāpeymā	با هواپیما
de carro	bā otomobil	با اتومبیل
de navio	dar kešti	با کشتی

bagagem (f)	bār	بار
mala (f)	čamedān	چمدان
carrinho (m)	čarx-e hamle bar	چرخ حمل بار

passaporte (m)	gozarnāme	گذرنامه
visto (m)	ravādid	روادید
bilhete (m)	belit	بلیط
bilhete (m) de avião	belit-e havāpeymā	بلیط هواپیما

guia (m) de viagem	ketāb-e rāhnamā	کتاب راهنما
mapa (m)	naqše	نقشه
local (m), area (f)	mahal	محل
lugar, sítio (m)	jā	جا

exotismo (m)	qarāyeb	غرایب
exótico	qarib	غریب
surpreendente	heyrat angiz	حیرت انگیز

grupo (m)	goruh	گروه
excursão (f)	gardeš	گردش
guia (m)	rāhnamā-ye tur	راهنمای تور

100. Hotel

hotel (m)	hotel	هتل
motel (m)	motel	متل
três estrelas	se setāre	سه ستاره

cinco estrelas	panj setāre	پنج ستاره
ficar (~ num hotel)	māndan	ماندن

quarto (m)	otāq	اتاق
quarto (m) individual	otāq-e yeknafare	اتاق یک نفره
quarto (m) duplo	otāq-e do nafare	اتاق دو نفره
reservar um quarto	otāq rezerv kardan	اتاق رزرو کردن

meia pensão (f)	nim pānsiyon	نیم پانسیون
pensão (f) completa	pānsiyon	پانسیون

com banheira	bā vān	با وان
com duche	bā duš	با دوش
televisão (m) satélite	televiziyon-e māhvārei	تلویزیون ماهواره ای
ar (m) condicionado	tahviye-ye matbu'	تهویه مطبوع
toalha (f)	howle	حوله
chave (f)	kelid	کلید

administrador (m)	edāre-ye konande	اداره کننده
camareira (f)	mostaxdem	مستخدم
bagageiro (m)	bārbar	باربر
porteiro (m)	darbān	دربان

restaurante (m)	resturān	رستوران
bar (m)	bār	بار
pequeno-almoço (m)	sobhāne	صبحانه
jantar (m)	šām	شام
buffet (m)	bufe	بوفه

hall (m) de entrada	lābi	لابی
elevador (m)	āsānsor	آسانسور

NÃO PERTURBE	mozāhem našavid	مزاحم نشوید
PROIBIDO FUMAR!	sigār kešidan mamnu'	سیگار کشیدن ممنوع

EQUIPAMENTO TÉCNICO. TRANSPORTES

Equipamento técnico. Transportes

101. Computador

computador (m)	kāmpiyuter	کامپیوتر
portátil (m)	lap tāp	لپ تاپ
ligar (vt)	rowšan kardan	روشن کردن
desligar (vt)	xāmuš kardan	خاموش کردن
teclado (m)	sahfe kelid	صمفه کلید
tecla (f)	kelid	کلید
rato (m)	māows	ماوس
tapete (m) de rato	māows pad	ماوس پد
botão (m)	dokme	دکمه
cursor (m)	makān namā	مکان نما
monitor (m)	monitor	مونیتور
ecrã (m)	safhe	صفحه
disco (m) rígido	hārd disk	هارد دیسک
capacidade (f) do disco rígido	hajm-e hard	حجم هارد
memória (f)	hāfeze	حافظه
memória RAM (f)	hāfeze-ye ram	حافظه رم
ficheiro (m)	parvande	پرونده
pasta (f)	puše	پوشه
abrir (vt)	bāz kardan	باز کردن
fechar (vt)	bastan	بستن
guardar (vt)	zaxire kardan	ذخیره کردن
apagar, eliminar (vt)	hazf kardan	حذف کردن
copiar (vt)	kopi kardan	کپی کردن
ordenar (vt)	tabaqe bandi kardan	طبقه بندی کردن
copiar (vt)	kopi kardan	کپی کردن
programa (m)	barnāme	برنامه
software (m)	narm afzār	نرم افزار
programador (m)	barnāme-ye nevis	برنامه نویس
programar (vt)	barnāme-nevisi kardan	برنامه نویسی کردن
hacker (m)	haker	هکر
senha (f)	kalame-ye obur	کلمه عبور
vírus (m)	virus	ویروس
detetar (vt)	peydā kardan	پیدا کردن
byte (m)	bāyt	بایت

megabyte (m)	megābāyt	مگابایت
dados (m pl)	dāde-hā	داده ها
base (f) de dados	pāygāh dāde-hā	پایگاه داده ها
cabo (m)	kābl	کابل
desconectar (vt)	jodā kardan	جدا کردن
conetar (vt)	vasl kardan	وصل کردن

102. Internet. E-mail

internet (f)	internet	اینترنت
browser (m)	morurgar	مرورگر
motor (m) de busca	motor-e jostoju	موتور جستجو
provedor (m)	erāe-ye dehande	ارائه دهنده
webmaster (m)	tarrāh-e vebsāyt	طراح وب سایت
website, sítio web (m)	veb-sāyt	وب سایت
página (f) web	safhe-ye veb	صفحه وب
endereço (m)	nešāni	نشانی
livro (m) de endereços	daftarče-ye nešāni	دفترچه نشانی
caixa (f) de correio	sanduq-e post	صندوق پست
correio (m)	post	پست
cheia (caixa de correio)	por	پر
mensagem (f)	payām	پیام
mensagens (f pl) recebidas	payāmhā-ye vorudi	پیامهای ورودی
mensagens (f pl) enviadas	payāmhā-ye xoruji	پیامهای خروجی
remetente (m)	ferestande	فرستنده
enviar (vt)	ferestādan	فرستادن
envio (m)	ersāl	ارسال
destinatário (m)	girande	گیرنده
receber (vt)	gereftan	گرفتن
correspondência (f)	mokātebe	مکاتبه
corresponder-se (vr)	mokātebe kardan	مکاتبه کردن
ficheiro (m)	parvande	پرونده
fazer download, baixar	dānlod kardan	دانلود کردن
criar (vt)	ijād kardan	ایجاد کردن
apagar, eliminar (vt)	hazf kardan	حذف کردن
eliminado	hazf šode	حذف شده
conexão (f)	ertebāt	ارتباط
velocidade (f)	sor'at	سرعت
modem (m)	modem	مودم
acesso (m)	dastyābi	دستیابی
porta (f)	dargāh	درگاه
conexão (f)	ertebāt	ارتباط
conetar (vi)	vasl šodan	وصل شدن

escolher (vt)	entexāb kardan	انتخاب کردن
buscar (vt)	jostoju kardan	جستجو کردن

103. Eletricidade

eletricidade (f)	barq	برق
elétrico	barqi	برقی
central (f) elétrica	nirugāh	نیروگاه
energia (f)	enerži	انرژی
energia (f) elétrica	niru-ye barq	نیروی برق
lâmpada (f)	lāmp	لامپ
lanterna (f)	čerāq-e dasti	چراغ دستی
poste (m) de iluminação	čerāq-e barq	چراغ برق
luz (f)	nur	نور
ligar (vt)	rowšan kardan	روشن کردن
desligar (vt)	xāmuš kardan	خاموش کردن
apagar a luz	čerāq rā xāmuš kardan	چراغ را خاموش کردن
fundir (vi)	suxtan	سوختن
curto-circuito (m)	ettesāli	اتصالی
rutura (f)	sim qat' šode	سیم قطع شده
contacto (m)	tamās	تماس
interruptor (m)	kelid	کلید
tomada (f)	periz	پریز
ficha (f)	došāxe	دوشاخه
extensão (f)	sim-e sayār	سیم سیار
fusível (m)	fiyuz	فیوز
fio, cabo (m)	sim	سیم
instalação (f) elétrica	sim keši	سیم کشی
ampere (m)	āmper	آمپر
amperagem (f)	šeddat-e jaryān	شدت جریان
volt (m)	volt	ولت
voltagem (f)	voltāž	ولتاژ
aparelho (m) elétrico	vasile-ye barqi	وسیله برقی
indicador (m)	šāxes	شاخص
eletricista (m)	barq-e kār	برق کار
soldar (vt)	lahim kardan	لحیم کردن
ferro (m) de soldar	hoviye	هویه
corrente (f) elétrica	jaryān-e barq	جریان برق

104. Ferramentas

ferramenta (f)	abzār	ابزار
ferramentas (f pl)	abzār	ابزار
equipamento (m)	tajhizāt	تجهیزات

martelo (m)	čakoš	چکش
chave (f) de fendas	pič gušti	پیچ گوشتی
machado (m)	tabar	تبر

serra (f)	arre	اره
serrar (vt)	arre kardan	اره کردن
plaina (f)	rande	رنده
aplainar (vt)	rande kardan	رنده کردن
ferro (m) de soldar	hoviye	هویه
soldar (vt)	lahim kardan	لحیم کردن

lima (f)	sowhān	سوهان
tenaz (f)	gāzanbor	گازانبر
alicate (m)	anbordast	انبردست
formão (m)	eskene	اسکنه

broca (f)	sar-matte	سرمته
berbequim (f)	matte barqi	متهبرقی
furar (vt)	surāx kardan	سوراخ کردن

faca (f)	kārd	کارد
canivete (m)	čāqu-ye jibi	چاقوی جیبی
lâmina (f)	tiqe	تیغه

afiado	tiz	تیز
cego	konad	کند
embotar-se (vr)	konad šodan	کند شدن
afiar, amolar (vt)	tiz kardan	تیز کردن

parafuso (m)	pič	پیچ
porca (f)	mohre	مهره
rosca (f)	šiyār	شیار
parafuso (m) para madeira	pič	پیچ

prego (m)	mix	میخ
cabeça (f) do prego	sar-e mix	سر میخ

régua (f)	xat keš	خط کش
fita (f) métrica	metr	متر
nível (m)	tarāz	تراز
lupa (f)	zarre bin	ذره بین

medidor (m)	abzār-e andāzegir-i	ابزاراندازه گیری
medir (vt)	andāze gereftan	اندازه گرفتن
escala (f)	safhe-ye modarraj	صفحهٔ مدرج
indicação (f), registo (m)	dastgāh-e xaneš	دستگاه خوانش

compressor (m)	komperesor	کمپرسور
microscópio (m)	mikroskop	میکروسکوپ

bomba (f)	pomp	پمپ
robô (m)	robāt	روبات
laser (m)	leyzer	لیزر

chave (f) de boca	āčār	آچار
fita (f) adesiva	navār-e časb	نوار چسب

cola (f)	časb	چسب
lixa (f)	kāqaz-e sonbāde	کاغذ سنباده
mola (f)	fanar	فنر
íman (m)	āhan-e robā	آهن ربا
luvas (f pl)	dastkeš	دستکش
corda (f)	tanāb	طناب
cordel (m)	band	بند
fio (m)	sim	سیم
cabo (m)	kābl	کابل
marreta (f)	potk	پتک
pé de cabra (m)	deylam	دیلم
escada (f) de mão	nardebān	نردبان
escadote (m)	nardebān-e sabok	نردبان سبک
enroscar (vt)	pič kardan	پیچ کردن
desenroscar (vt)	bāz kardan	باز کردن
apertar (vt)	fešordan	فشردن
colar (vt)	časbāndan	چسباندن
cortar (vt)	boridan	بریدن
falha (mau funcionamento)	xarābi	خرابی
conserto (m)	ta'mir	تعمیر
consertar, reparar (vt)	ta'mir kardan	تعمیر کردن
regular, ajustar (vt)	tanzim kardan	تنظیم کردن
verificar (vt)	barresi kardan	بررسی کردن
verificação (f)	barresi	بررسی
indicação (f), registo (m)	dastgāh-e xaneš	دستگاه خوانش
seguro	motmaen	مطمئن
complicado	pičide	پیچیده
enferrujar (vi)	zang zadan	زنگ زدن
enferrujado	zang zade	زنگ زده
ferrugem (f)	zang	زنگ

Transportes

105. Avião

avião (m)	havāpeymā	هواپیما
bilhete (m) de avião	belit-e havāpeymā	بلیط هواپیما
companhia (f) aérea	šerkat-e havāpeymāyi	شرکت هواپیمایی
aeroporto (m)	forudgāh	فرودگاه
supersónico	māvarā sowt	ماوراء صوت
comandante (m) do avião	kāpitān	کاپیتان
tripulação (f)	xadame	خدمه
piloto (m)	xalabān	خلبان
hospedeira (f) de bordo	mehmāndār-e havāpeymā	مهماندار هواپیما
copiloto (m)	nāvbar	ناویر
asas (f pl)	bāl-hā	بال ها
cauda (f)	dam	دم
cabine (f) de pilotagem	kābin	کابین
motor (m)	motor	موتور
trem (m) de aterragem	šāssi	شاسی
turbina (f)	turbin	توربین
hélice (f)	parvāne	پروانه
caixa-preta (f)	ja'be-ye siyāh	جعبه سیاه
coluna (f) de controlo	farmān	فرمان
combustível (m)	suxt	سوخت
instruções (f pl) de segurança	dasturol'amal	دستورالعمل
máscara (f) de oxigénio	māsk-e oksižen	ماسک اکسیژن
uniforme (m)	oniform	اونیفورم
colete (m) salva-vidas	jeliqe-ye nejāt	جلیقۀ نجات
paraquedas (m)	čatr-e nejāt	چترنجات
descolagem (f)	parvāz	پرواز
descolar (vi)	parvāz kardan	پرواز کردن
pista (f) de descolagem	bānd-e forudgāh	باند فرودگاه
visibilidade (f)	meydān did	میدان دید
voo (m)	parvāz	پرواز
altura (f)	ertefā'	ارتفاع
poço (m) de ar	čāle-ye havāyi	چاله هوایی
assento (m)	jā	جا
auscultadores (m pl)	guši	گوشی
mesa (f) rebatível	sini-ye tāšow	سینی تاشو
vigia (f)	panjere	پنجره
passagem (f)	rāhrow	راهرو

106. Comboio

comboio (m)	qatār	قطار
comboio (m) suburbano	qatār-e barqi	قطار برقی
comboio (m) rápido	qatār-e sari'osseyr	قطار سریع السیر
locomotiva (f) diesel	lokomotiv-e dizel	لوکوموتیو دیزل
locomotiva (f) a vapor	lokomotiv-e boxar	لوکوموتیو بخار
carruagem (f)	vāgon	واگن
carruagem restaurante (f)	vāgon-e resturān	واگن رستوران
carris (m pl)	reyl-hā	ریل ها
caminho de ferro (m)	rāh āhan	راه آهن
travessa (f)	reyl-e band	ریل بند
plataforma (f)	sakku-ye rāh-āhan	سکوی راه آهن
linha (f)	masir	مسیر
semáforo (m)	nešanar	نشانبر
estação (f)	istgāh	ایستگاه
maquinista (m)	rānande	راننده
bagageiro (m)	bārbar	باربر
hospedeiro, -a (da carruagem)	rāhnamā-ye qatār	راهنمای قطار
passageiro (m)	mosāfer	مسافر
revisor (m)	kontorol či	کنترل چی
corredor (m)	rāhrow	راهرو
freio (m) de emergência	tormoz-e ezterāri	ترمز اضطراری
compartimento (m)	kupe	کوپه
cama (f)	taxt-e kupe	تخت کوپه
cama (f) de cima	taxt-e bālā	تخت بالا
cama (f) de baixo	taxt-e pāyin	تخت پایین
roupa (f) de cama	raxt-e xāb	رخت خواب
bilhete (m)	belit	بلیط
horário (m)	barnāme	برنامه
painel (m) de informação	barnāme-ye zamāni	برنامه زمانی
partir (vt)	tark kardan	ترک کردن
partida (f)	harekat	حرکت
chegar (vi)	residan	رسیدن
chegada (f)	vorud	ورود
chegar de comboio	bā qatār āmadan	با قطار آمدن
apanhar o comboio	savār-e qatār šodan	سوار قطار شدن
sair do comboio	az qatār piyāde šodan	از قطار پیاده شدن
acidente (m) ferroviário	sānehe	سانحه
descarrilar (vi)	az xat xārej šodan	از خط خارج شدن
locomotiva (f) a vapor	lokomotiv-e boxar	لوکوموتیو بخار
fogueiro (m)	ātaškār	آتشکار
fornalha (f)	ātašdān	آتشدان
carvão (m)	zoqāl sang	زغال سنگ

107. Barco

navio (m)	kešti	کشتی
embarcação (f)	kešti	کشتی
vapor (m)	kešti-ye boxāri	کشتی بخاری
navio (m)	qāyeq-e rudxāne	قایق رودخانه
transatlântico (m)	kešti-ye tafrihi	کشتی تفریحی
cruzador (m)	razm nāv	رزم ناو
iate (m)	qāyeq-e tafrihi	قایق تفریحی
rebocador (m)	yadak keš	یدک کش
barcaça (f)	kešti-ye bārkeše yadaki	کشتی بارکش یدکی
ferry (m)	kešti-ye farābar	کشتی فرابر
veleiro (m)	kešti-ye bādbāni	کشتی بادبانی
bergantim (m)	košti dozdān daryā-yi	کشتی دزدان دریایی
quebra-gelo (m)	kešti-ye yaxšekan	کشتی یخ شکن
submarino (m)	zirdaryāyi	زیردریایی
bote, barco (m)	qāyeq	قایق
bote, dingue (m)	qāyeq-e tafrihi	قایق تفریحی
bote (m) salva-vidas	qāyeq-e nejāt	قایق نجات
lancha (f)	qāyeq-e motori	قایق موتوری
capitão (m)	kāpitān	کاپیتان
marinheiro (m)	malavān	ملوان
marujo (m)	malavān	ملوان
tripulação (f)	xadame	خدمه
contramestre (m)	sar malavān	سر ملوان
grumete (m)	šāgerd-e malavān	شاگرد ملوان
cozinheiro (m) de bordo	āšpaz-e kešti	آشپز کشتی
médico (m) de bordo	pezešk-e kešti	پزشک کشتی
convés (m)	arše-ye kešti	عرشهٔ کشتی
mastro (m)	dakal	دکل
vela (f)	bādbān	بادبان
porão (m)	anbār	انبار
proa (f)	sine-ye kešti	سینه کشتی
popa (f)	aqab kešti	عقب کشتی
remo (m)	pāru	پارو
hélice (f)	parvāne	پروانه
camarote (m)	otāq-e kešti	اتاق کشتی
sala (f) dos oficiais	otāq-e afsarān	اتاق افسران
sala (f) das máquinas	motor xāne	موتور خانه
ponte (m) de comando	pol-e farmāndehi	پل فرماندهی
sala (f) de comunicações	kābin-e bisim	کابین بی سیم
onda (f) de rádio	mowj	موج
diário (m) de bordo	roxdād nāme	رخداد نامه
luneta (f)	teleskop	تلسکوپ
sino (m)	nāqus	ناقوس

bandeira (f)	parčam	پرچم
cabo (m)	tanāb	طناب
nó (m)	gereh	گره
corrimão (m)	narde	نرده
prancha (f) de embarque	pol	پل
âncora (f)	langar	لنگر
recolher a âncora	langar kešidan	لنگر کشیدن
lançar a âncora	langar andāxtan	لنگر انداختن
amarra (f)	zanjir-e langar	زنجیر لنگر
porto (m)	bandar	بندر
cais, amarradouro (m)	eskele	اسکله
atracar (vi)	pahlu gereftan	پهلو گرفتن
desatracar (vi)	tark kardan	ترک کردن
viagem (f)	mosāferat	مسافرت
cruzeiro (m)	safar-e daryāyi	سفر دریایی
rumo (m), rota (f)	masir	مسیر
itinerário (m)	masir	مسیر
canal (m) navegável	kešti-ye ru	کشتی رو
banco (m) de areia	mahall-e kam omq	محل کم عمق
encalhar (vt)	be gel nešastan	به گل نشستن
tempestade (f)	tufān	طوفان
sinal (m)	alāmat	علامت
afundar-se (vr)	qarq šodan	غرق شدن
Homem ao mar!	kas-i dar hāl-e qarq šodan-ast!	کسی در حال غرق شدن است!
SOS	sos	SOS
boia (f) salva-vidas	kamarband-e nejāt	کمربند نجات

108. Aeroporto

aeroporto (m)	forudgāh	فرودگاه
avião (m)	havāpeymā	هواپیما
companhia (f) aérea	šerkat-e havāpeymāyi	شرکت هواپیمایی
controlador (m) de tráfego aéreo	ma'mur-e kontorol-e terāfik-e havāyi	مأمور کنترل ترافیک هوایی
partida (f)	azimat	عزیمت
chegada (f)	vorud	ورود
chegar (~ de avião)	residan	رسیدن
hora (f) de partida	zamān-e parvāz	زمان پرواز
hora (f) de chegada	zamān-e vorud	زمان ورود
estar atrasado	ta'xir kardan	تأخیر کردن
atraso (m) de voo	ta'xir-e parvāz	تأخیر پرواز
painel (m) de informação	tāblo-ye ettelā'āt	تابلوی اطلاعات
informação (f)	ettelā'āt	اطلاعات

Portuguese	Transliteration	Persian
anunciar (vt)	e'lām kardan	اعلام کردن
voo (m)	parvāz	پرواز
alfândega (f)	gomrok	گمرک
funcionário (m) da alfândega	ma'mur-e gomrok	مأمور گمرک
declaração (f) alfandegária	ežhār-nāme	اظهارنامه
preencher (vt)	por kardan	پر کردن
preencher a declaração	ezhār-nāme rā por kardan	اظهارنامه را پر کردن
controlo (m) de passaportes	kontorol-e gozarnāme	کنترل گذرنامه
bagagem (f)	bār	بار
bagagem (f) de mão	bār-e dasti	بار دستی
carrinho (m)	čarx-e hamle bar	چرخ حمل بار
aterragem (f)	forud	فرود
pista (f) de aterragem	bānd-e forudgāh	باند فرودگاه
aterrar (vi)	nešastan	نشستن
escada (f) de avião	pellekān	پلکان
check-in (m)	ček in	چک این
balcão (m) do check-in	bāje-ye kontorol	باجه کنترل
fazer o check-in	čekin kardan	چکاین کردن
cartão (m) de embarque	kārt-e parvāz	کارت پرواز
porta (f) de embarque	gi-yat xoruj	گیت خروج
trânsito (m)	terānzit	ترانزیت
esperar (vi, vt)	montazer budan	منتظر بودن
sala (f) de espera	tālār-e entezār	تالار انتظار
despedir-se de …	badraqe kardan	بدرقه کردن
despedir-se (vr)	xodāhāfezi kardan	خداحافظی کردن

Eventos

109. Férias. Evento

festa (f)	jašn	جشن
festa (f) nacional	eyd-e melli	عيد ملى
feriado (m)	ruz-e jašn	روز جشن
festejar (vt)	jašn gereftan	جشن گرفتن
evento (festa, etc.)	vāqe'e	واقعه
evento (banquete, etc.)	ruydād	رويداد
banquete (m)	ziyāfat	ضيافت
receção (f)	ziyāfat	ضيافت
festim (m)	jašn	جشن
aniversário (m)	sālgard	سالگرد
jubileu (m)	sālgard	سالگرد
celebrar (vt)	jašn gereftan	جشن گرفتن
Ano (m) Novo	sāl-e now	سال نو
Feliz Ano Novo!	sāl-e now mobārak	سال نو مبارک
Pai (m) Natal	bābā noel	بابا نوئل
Natal (m)	kerismas	كريسمس
Feliz Natal!	kerismas mobārak!	كريسمس مبارك!
árvore (f) de Natal	kāj kerismas	كاج كريسمس
fogo (m) de artifício	ātaš-e bāzi	آتش بازى
boda (f)	arusi	عروسى
noivo (m)	dāmād	داماد
noiva (f)	arus	عروس
convidar (vt)	da'vat kardan	دعوت كردن
convite (m)	da'vatnāme	دعوتنامه
convidado (m)	mehmān	مهمان
visitar (vt)	be mehmāni raftan	به مهمانى رفتن
receber os hóspedes	az mehmānān esteqbāl kardan	از مهمانان استقبال كردن
presente (m)	hedye	هديه
oferecer (vt)	hadye dādan	هديه دادن
receber presentes	hediye gereftan	هديه گرفتن
ramo (m) de flores	daste-ye gol	دسته گل
felicitações (f pl)	tabrik	تبريك
felicitar (dar os parabéns)	tabrik goftan	تبريك گفتن
cartão (m) de parabéns	kārt-e tabrik	كارت تبريك
enviar um postal	kārt-e tabrik ferestādan	كارت تبريك فرستادن

receber um postal	kārt-e tabrik gereftan	کارت تبریک گرفتن
brinde (m)	be salāmati-ye kas-i nušidan	به سلامتی کسی نوشیدن
oferecer (vt)	pazirāyi kardan	پذیرایی کردن
champanhe (m)	šāmpāyn	شامپاین
divertir-se (vr)	šādi kardan	شادی کردن
diversão (f)	šādi	شادی
alegria (f)	maserrat	مسرت
dança (f)	raqs	رقص
dançar (vi)	raqsidan	رقصیدن
valsa (f)	raqs-e vāls	رقص والس
tango (m)	raqs tāngo	رقص تانگو

110. Funerais. Enterro

cemitério (m)	qabrestān	قبرستان
sepultura (f), túmulo (m)	qabr	قبر
cruz (f)	salib	صلیب
lápide (f)	sang-e qabr	سنگ قبر
cerca (f)	hesār	حصار
capela (f)	kelisā-ye kučak	کلیسای کوچک
morte (f)	marg	مرگ
morrer (vi)	mordan	مردن
defunto (m)	marhum	مرحوم
luto (m)	azā	عزا
enterrar, sepultar (vt)	dafn kardan	دفن کردن
agência (f) funerária	xadamat-e kafno dafn	خدمات کفن ودفن
funeral (m)	tašyi-'e jenāze	تشییع جنازه
coroa (f) de flores	tāj-e gol	تاج گل
caixão (m)	tābut	تابوت
carro (m) funerário	na'š keš	نعش کش
mortalha (f)	kafan	کفن
procissão (f) funerária	tašyi-'e jenāze	تشییع جنازه
urna (f) funerária	zarf-e xākestar-e morde	ظرف خاکستر مرده
crematório (m)	morde suz xāne	مرده سوز خانه
obituário (m), necrologia (f)	āgahi-ye tarhim	آگهی ترحیم
chorar (vi)	gerye kardan	گریه کردن
soluçar (vi)	zār zār gerye kardan	زار زارگریه کردن

111. Guerra. Soldados

pelotão (m)	daste	دسته
companhia (f)	goruhān	گروهان
regimento (m)	hang	هنگ
exército (m)	arteš	ارتش

divisão (f)	laškar	لشکر
destacamento (m)	daste	دسته
hoste (f)	laškar	لشکر
soldado (m)	sarbāz	سرباز
oficial (m)	afsar	افسر
soldado (m) raso	sarbāz	سرباز
sargento (m)	goruhbān	گروهبان
tenente (m)	sotvān	ستوان
capitão (m)	kāpitān	کاپیتان
major (m)	sargord	سرگرد
coronel (m)	sarhang	سرهنگ
general (m)	ženerāl	ژنرال
marujo (m)	malavān	ملوان
capitão (m)	kāpitān	کاپیتان
contramestre (m)	sar malavān	سر ملوان
artilheiro (m)	tupči	توپچی
soldado (m) paraquedista	sarbāz-e čatrbāz	سرباز چترباز
piloto (m)	xalabān	خلبان
navegador (m)	nāvbar	ناویر
mecânico (m)	mekānik	مکانیک
sapador (m)	mohandes estehkāmāt	مهندس استحکامات
paraquedista (m)	čatr bāz	چترباز
explorador (m)	ettelā'āti	اطلاعاتی
franco-atirador (m)	tak tir andāz	تک تیر انداز
patrulha (f)	gašt	گشت
patrulhar (vt)	gašt zadan	گشت زدن
sentinela (f)	negahbān	نگهبان
guerreiro (m)	jangju	جنگجو
patriota (m)	mihan parast	میهن پرست
herói (m)	qahremān	قهرمان
heroína (f)	qahremān-e zan	قهرمان زن
traidor (m)	xāen	خائن
trair (vt)	xiyānat kardan	خیانت کردن
desertor (m)	farāri	فراری
desertar (vt)	farāri budan	فراری بودن
mercenário (m)	mozdur	مزدور
recruta (m)	sarbāz-e jadid	سرباز جدید
voluntário (m)	dāvtalab	داوطلب
morto (m)	morde	مرده
ferido (m)	zaxmi	زخمی
prisioneiro (m) de guerra	asir	اسیر

112. Guerra. Ações militares. Parte 1

guerra (f)	jang	جنگ
guerrear (vt)	jangidan	جنگیدن
guerra (f) civil	jang-e dāxeli	جنگ داخلی
perfidamente	xāenāne	خائنانه
declaração (f) de guerra	e'lān-e jang	اعلان جنگ
declarar (vt) guerra	e'lān kardan	اعلان کردن
agressão (f)	tajāvoz	تجاوز
atacar (vt)	hamle kardan	حمله کردن
invadir (vt)	tajāvoz kardan	تجاوز کردن
invasor (m)	tajāvozgar	تجاوزگر
conquistador (m)	fāteh	فاتح
defesa (f)	defā'	دفاع
defender (vt)	defā' kardan	دفاع کردن
defender-se (vr)	az xod defā' kardan	از خود دفاع کردن
inimigo (m)	došman	دشمن
adversário (m)	moxālef	مخالف
inimigo	došman	دشمن
estratégia (f)	rāhbord	راهبرد
tática (f)	tāktik	تاکتیک
ordem (f)	farmān	فرمان
comando (m)	dastur	دستور
ordenar (vt)	farmān dādan	فرمان دادن
missão (f)	ma'muriyat	مأموریت
secreto	mahramāne	محرمانه
batalha (f)	jang	جنگ
combate (m)	nabard	نبرد
ataque (m)	hamle	حمله
assalto (m)	yureš	یورش
assaltar (vt)	yureš bordan	یورش بردن
assédio, sítio (m)	mohāsere	محاصره
ofensiva (f)	hamle	حمله
passar à ofensiva	hamle kardan	حمله کردن
retirada (f)	aqab nešini	عقب نشینی
retirar-se (vr)	aqab nešini kardan	عقب نشینی کردن
cerco (m)	mohāsere	محاصره
cercar (vt)	mohāsere kardan	محاصره کردن
bombardeio (m)	bombārān-e havāyi	بمباران هوایی
lançar uma bomba	bomb āndaxtan	بمب انداختن
bombardear (vt)	bombārān kardan	بمباران کردن
explosão (f)	enfejār	انفجار
tiro (m)	tirandāzi	تیراندازی

disparar um tiro	tirandāzi kardan	تیراندازی کردن
tiroteio (m)	tirandāzi	تیراندازی
apontar para …	nešāne raftan	نشانه رفتن
apontar (vt)	šhellik kardan	شلیک کردن
acertar (vt)	residan	رسیدن
afundar (um navio)	qarq šodan	غرق شدن
brecha (f)	surāx	سوراخ
afundar-se (vr)	qarq šodan	غرق شدن
frente (m)	jebhe	جبهه
evacuação (f)	taxliye	تخلیه
evacuar (vt)	taxliye kardan	تخلیه کردن
trincheira (f)	sangar	سنگر
arame (m) farpado	sim-e xārdār	سیم خاردار
obstáculo (m) anticarro	hesār	حصار
torre (f) de vigia	borj	برج
hospital (m)	bimārestān-e nezāmi	بیمارستان نظامی
ferir (vt)	majruh kardan	مجروح کردن
ferida (f)	zaxm	زخم
ferido (m)	zaxmi	زخمی
ficar ferido	zaxmi šodan	زخمی شدن
grave (ferida ~)	zaxm-e saxt	زخم سخت

113. Guerra. Ações militares. Parte 2

cativeiro (m)	esārat	اسارت
capturar (vt)	be esārat gereftan	به اسارت گرفتن
estar em cativeiro	dar esārat budan	در اسارت بودن
ser aprisionado	be esārat oftādan	به اسارت افتادن
campo (m) de concentração	ordugāh-e kār-e ejbāri	اردوگاه کار اجباری
prisioneiro (m) de guerra	asir	اسیر
escapar (vi)	farār kardan	فرار کردن
trair (vt)	xiyānat kardan	خیانت کردن
traidor (m)	xāen	خائن
traição (f)	xiyānat	خیانت
fuzilar, executar (vt)	tirbārān kardan	تیرباران کردن
fuzilamento (m)	tirbārān	تیرباران
equipamento (m)	uniform	یونیفرم
platina (f)	daraje-ye sarduši	درجه سردوشی
máscara (f) antigás	māsk-e zedd-e gāz	ماسک ضد گاز
rádio (m)	dastgāh-e bisim	دستگاه بی سیم
cifra (f), código (m)	ramz	رمز
conspiração (f)	mahramāne budan	محرمانه بودن
senha (f)	ramz	رمز
mina (f)	min	مین

minar (vt)	min gozāštan	مین گذاشتن
campo (m) minado	meydān-e min	میدان مین

alarme (m) aéreo	āžir-e havāyi	آژیر هوایی
alarme (m)	āžir	آژیر
sinal (m)	alāmat	علامت
sinalizador (m)	monavvar	منور

estado-maior (m)	setād	ستاد
reconhecimento (m)	šenāsāyi	شناسایی
situação (f)	vaz'iyat	وضعیت
relatório (m)	gozāreš	گزارش
emboscada (f)	kamin	کمین
reforço (m)	taqviyat	تقویت

alvo (m)	hadaf giri	هدف گیری
campo (m) de tiro	meydān-e tir	میدان تیر
manobras (f pl)	mānovr	مانور

pânico (m)	vahšat	وحشت
devastação (f)	xarābi	خرابی
ruínas (f pl)	xarābi-hā	خرابی ها
destruir (vt)	xarāb kardan	خراب کردن

sobreviver (vi)	zende māndan	زنده ماندن
desarmar (vt)	xal'-e selāh kardan	خلع سلاح کردن
manusear (vt)	be kār bordan	به کار بردن

Firmes!	xabardār!	خبردار!
Descansar!	āzād!	آزاد!

façanha (f)	delāvari	دلاوری
juramento (m)	sowgand	سوگند
jurar (vi)	sowgand xordan	سوگند خوردن

condecoração (f)	pādāš	پاداش
condecorar (vt)	medāl dādan	مدال دادن
medalha (f)	medāl	مدال
ordem (f)	nešān	نشان

vitória (f)	piruzi	پیروزی
derrota (f)	šekast	شکست
armistício (m)	ātaš bas	آتش بس

bandeira (f)	parčam	پرچم
glória (f)	eftexār	افتخار
desfile (m) militar	reže	رژه
marchar (vi)	reže raftan	رژه رفتن

114. Armas

arma (f)	selāh	سلاح
arma (f) de fogo	aslahe-ye garm	اسلحۀ گرم
arma (f) branca	aslahe-ye sard	اسلحۀ سرد

arma (f) química	taslihāt-e šimiyāyi	تسلیحات شیمیایی
nuclear	haste i	هسته ای
arma (f) nuclear	taslihāt-e hastei	تسلیحات هسته ای
bomba (f)	bomb	بمب
bomba (f) atómica	bomb-e atomi	بمب اتمی
pistola (f)	kolt	کلت
caçadeira (f)	tofang	تفنگ
pistola-metralhadora (f)	mosalsal-e xodkār	مسلسل خودکار
metralhadora (f)	mosalsal	مسلسل
boca (f)	sar-e lule-ye tofang	سر لوله تفنگ
cano (m)	lule-ye tofang	لوله تفنگ
calibre (m)	kālibr	کالیبر
gatilho (m)	māše	ماشه
mira (f)	nešāne ravi	نشانه روی
carregador (m)	xešāb	خشاب
coronha (f)	qondāq	قنداق
granada (f) de mão	nārenjak	نارنجک
explosivo (m)	mādde-ye monfajere	مادهٔ منفجره
bala (f)	golule	گلوله
cartucho (m)	fešang	فشنگ
carga (f)	mohemmāt	مهمات
munições (f pl)	mohemmāt	مهمات
bombardeiro (m)	bomb-afkan	بمب‌افکن
avião (m) de caça	jangande	جنگنده
helicóptero (m)	helikopter	هلیکوپتر
canhão (m) antiaéreo	tup-e zedd-e havāyi	توپ ضد هوایی
tanque (m)	tānk	تانک
canhão (de um tanque)	tup	توپ
artilharia (f)	tupxāne	توپخانه
canhão (m)	tofang	تفنگ
fazer a pontaria	šhellik kardan	شلیک کردن
obus (m)	xompāre	خمپاره
granada (f) de morteiro	xompāre	خمپاره
morteiro (m)	xompāre andāz	خمپاره انداز
estilhaço (m)	tarkeš	ترکش
submarino (m)	zirdaryāyi	زیردریایی
torpedo (m)	eždar	اژدر
míssil (m)	mušak	موشک
carregar (uma arma)	por kardan	پر کردن
atirar, disparar (vi)	tirandāzi kardan	تیراندازی کردن
apontar para …	nešāne raftan	نشانه رفتن
baioneta (f)	sarneyze	سرنیزه
espada (f)	šamšir	شمشیر
sabre (m)	šamšir	شمشیر

lança (f)	neyze	نیزه
arco (m)	kamān	کمان
flecha (f)	tir	تیر
mosquete (m)	tofang fetile-i	تفنگ فتیله‌ای
besta (f)	kamān zanburak-i	کمان زنبورکی

115. Povos da antiguidade

primitivo	avvaliye	اولیه
pré-histórico	piš az tārix	پیش از تاریخ
antigo	qadimi	قدیمی
Idade (f) da Pedra	asr-e hajar	عصر حجر
Idade (f) do Bronze	asr-e mafraq	عصر مفرغ
período (m) glacial	dowre-ye yaxbandān	دورهٔ یخبندان
tribo (f)	qabile	قبیله
canibal (m)	ādam xār	آدم خوار
caçador (m)	šekārči	شکارچی
caçar (vi)	šekār kardan	شکار کردن
mamute (m)	māmut	ماموت
caverna (f)	qār	غار
fogo (m)	ātaš	آتش
fogueira (f)	ātaš	آتش
pintura (f) rupestre	qār negāre	غار نگاره
ferramenta (f)	abzār-e kār	ابزار کار
lança (f)	neyze	نیزه
machado (m) de pedra	tabar-e sangi	تبر سنگی
guerrear (vt)	jangidan	جنگیدن
domesticar (vt)	rām kardan	رام کردن
ídolo (m)	bot	بت
adorar, venerar (vt)	parastidan	پرستیدن
superstição (f)	xorāfe	خرافه
ritual (m)	marāsem	مراسم
evolução (f)	takāmol	تکامل
desenvolvimento (m)	pišraft	پیشرفت
desaparecimento (m)	enqerāz	انقراض
adaptar-se (vr)	sāzgār šodan	سازگار شدن
arqueologia (f)	bāstān-šenāsi	باستان شناسی
arqueólogo (m)	bāstān-šenās	باستان شناس
arqueológico	bāstān-šenāsi	باستان شناسی
local (m) das escavações	mahall-e haffārihā	محل حفاری ها
escavações (f pl)	haffāri-hā	حفاری ها
achado (m)	yāfteh	یافته
fragmento (m)	qet'e	قطعه

116. Idade média

povo (m)	mellat	ملت
povos (m pl)	mellat-hā	ملت ها
tribo (f)	qabile	قبیله
tribos (f pl)	qabāyel	قبایل
bárbaros (m pl)	barbar-hā	بربر ها
gauleses (m pl)	gul-hā	گول ها
godos (m pl)	gat-hā	گت ها
eslavos (m pl)	eslāv-hā	اسلاو ها
víquingues (m pl)	vāyking-hā	وایکینگ ها
romanos (m pl)	rumi-hā	رومی ها
romano	rumi	رومی
bizantinos (m pl)	bizānsi-hā	بیزانسی ها
Bizâncio	bizāns	بیزانس
bizantino	bizānsi	بیزانسی
imperador (m)	emperātur	امپراطور
líder (m)	rahbar	رهبر
poderoso	moqtader	مقتدر
rei (m)	šāh	شاه
governante (m)	hākem	حاکم
cavaleiro (m)	šovālie	شوالیه
senhor feudal (m)	feodāl	فئودال
feudal	feodāli	فئودالی
vassalo (m)	ra'yat	رعیت
duque (m)	duk	دوک
conde (m)	kont	کنت
barão (m)	bāron	بارون
bispo (m)	osqof	اسقف
armadura (f)	zereh	زره
escudo (m)	separ	سپر
espada (f)	šamšir	شمشیر
viseira (f)	labe-ye kolāh	لبه کلاه
cota (f) de malha	jowšan	جوشن
cruzada (f)	jang-e salibi	جنگ صلیبی
cruzado (m)	jangju-ye salibi	جنگجوی صلیبی
território (m)	qalamrow	قلمرو
atacar (vt)	hamle kardan	حمله کردن
conquistar (vt)	fath kardan	فتح کردن
ocupar, invadir (vt)	ešqāl kardan	اشغال کردن
assédio, sítio (m)	mohāsere	محاصره
sitiado	mahsur	محصور
assediar, sitiar (vt)	mohāsere kardan	محاصره کردن
inquisição (f)	taftiš-e aqāyed	تفتیش عقاید
inquisidor (m)	mofatteš	مفتش

tortura (f)	šekanje	شکنجه
cruel	bi rahm	بی رحم
herege (m)	molhed	ملحد
heresia (f)	ertedād	ارتداد
navegação (f) marítima	daryānavardi	دریانوردی
pirata (m)	dozd-e daryāyi	دزد دریایی
pirataria (f)	dozdi-ye daryāyi	دزدی دریایی
abordagem (f)	hamle ruye arše	حمله روی عرشه
presa (f), butim (m)	qanimat	غنیمت
tesouros (m pl)	ganj	گنج
descobrimento (m)	kašf	کشف
descobrir (novas terras)	kašf kardan	کشف کردن
expedição (f)	safar	سفر
mosqueteiro (m)	tofangdār	تفنگدار
cardeal (m)	kārdināl	کاردینال
heráldica (f)	nešān-šenāsi	نشان شناسی
heráldico	manquš	منقوش

117. Líder. Chefe. Autoridades

rei (m)	šāh	شاه
rainha (f)	maleke	ملکه
real	šāhi	شاهی
reino (m)	pādšāhi	پادشاهی
príncipe (m)	šāhzāde	شاهزاده
princesa (f)	pranses	پرنسس
presidente (m)	ra'is jomhur	رئیس جمهور
vice-presidente (m)	mo'āven-e rais-e jomhur	معاون رئیس جمهور
senador (m)	senātor	سناتور
monarca (m)	pādšāh	پادشاه
governante (m)	hākem	حاکم
ditador (m)	diktātor	دیکتاتور
tirano (m)	zālem	ظالم
magnata (m)	najib zāde	نجیب زاده
diretor (m)	modir	مدیر
chefe (m)	ra'is	رئیس
dirigente (m)	modir	مدیر
patrão (m)	ra'is	رئیس
dono (m)	sāheb	صاحب
líder, chefe (m)	rahbar	رهبر
chefe (~ de delegação)	ra'is	رئیس
autoridades (f pl)	maqāmāt	مقامات
superiores (m pl)	roasā	رؤسا
governador (m)	farmāndār	فرماندار
cônsul (m)	konsul	کنسول

diplomata (m)	diplomāt	ديپلمات
Presidente (m) da Câmara	šahrdār	شهردار
xerife (m)	kalāntar	كلانتر
imperador (m)	emperātur	امپراطور
czar (m)	tezār	تزار
faraó (m)	fer'own	فرعون
cã (m)	xān	خان

118. Viloação da lei. Criminosos. Parte 1

bandido (m)	rāhzan	راهزن
crime (m)	jenāyat	جنايت
criminoso (m)	jenāyatkār	جنايتكار
ladrão (m)	dozd	دزد
roubar (vt)	dozdidan	دزديدن
furto (m)	dozdi	دزدى
furto (m)	serqat	سرقت
raptar (ex. ~ uma criança)	ādam robudan	آدم ربودن
rapto (m)	ādam robāyi	آدم ربايى
raptor (m)	ādam robā	آدم ربا
resgate (m)	bāj	باج
pedir resgate	bāj xāstan	باج خواستن
roubar (vt)	serqat kardan	سرقت كردن
assalto, roubo (m)	serqat	سرقت
assaltante (m)	qāratgar	غارتگر
extorquir (vt)	axxāzi kardan	اخاذى كردن
extorsionário (m)	axxāz	اخاذ
extorsão (f)	axxāzi	اخاذى
matar, assassinar (vt)	koštan	كشتن
homicídio (m)	qatl	قتل
homicida, assassino (m)	qātel	قاتل
tiro (m)	tirandāzi	تيراندازى
dar um tiro	tirandāzi kardan	تيراندازى كردن
matar a tiro	bā tir zadan	با تير زدن
atirar, disparar (vi)	tirandāzi kardan	تيراندازى كردن
tiroteio (m)	tirandāzi	تيراندازى
incidente (m)	vāqe'e	واقعه
briga (~ de rua)	zad-o xord	زد و خورد
Socorro!	komak!	كمك!
vítima (f)	qorbāni	قربانى
danificar (vt)	xesārat resāndan	خسارت رساندن
dano (m)	xesārat	خسارت
cadáver (m)	jasad	جسد
grave	vaxim	وخيم

Português	Persa (transliteração)	Persa
atacar (vt)	hamle kardan	حمله کردن
bater (espancar)	zadan	زدن
espancar (vt)	kotak zadan	کتک زدن
tirar, roubar (dinheiro)	bezur gereftan	به زور گرفتن
esfaquear (vt)	čāqu zadan	چاقو زدن
mutilar (vt)	ma'yub kardan	معیوب کردن
ferir (vt)	majruh kardan	مجروح کردن
chantagem (f)	šāntāž	شانتاژ
chantagear (vt)	axxāzi kardan	اخاذی کردن
chantagista (m)	axxāz	اخاذ
extorsão (em troca de proteção)	axxāzi	اخاذی
extorsionário (m)	axxāz	اخاذ
gângster (m)	gāngester	گانگستر
máfia (f)	māfiyā	مافیا
carteirista (m)	jib bor	جیب بر
assaltante, ladrão (m)	sāreq	سارق
contrabando (m)	qāčāq	قاچاق
contrabandista (m)	qāčāqči	قاچاقچی
falsificação (f)	qollābi	قلابی
falsificar (vt)	ja'l kardan	جعل کردن
falsificado	ja'li	جعلی

119. Viloação da lei. Criminosos. Parte 2

Português	Persa (transliteração)	Persa
violação (f)	tajāvoz be nāmus	تجاوز به ناموس
violar (vt)	tajāvoz kardan	تجاوز کردن
violador (m)	zenā konande	زنا کننده
maníaco (m)	majnun	مجنون
prostituta (f)	fāheše	فاحشه
prostituição (f)	fāhešegi	فاحشگی
chulo (m)	jākeš	جاکش
toxicodependente (m)	mo'tād	معتاد
traficante (m)	forušande-ye mavādd-e moxadder	فروشندۀ مواد مخدر
explodir (vt)	monfajer kardan	منفجر کردن
explosão (f)	enfejār	انفجار
incendiar (vt)	ātaš zadan	آتش زدن
incendiário (m)	ātaš afruz	آتش افروز
terrorismo (m)	terorism	تروریسم
terrorista (m)	terorist	تروریست
refém (m)	gerowgān	گروگان
enganar (vt)	farib dādan	فریب دادن
engano (m)	farib	فریب
vigarista (m)	hoqqe bāz	حقه باز

subornar (vt)	rešve dādan	رشوه دادن
suborno (atividade)	rešve	رشوه
suborno (dinheiro)	rešve	رشوه
veneno (m)	zahr	زهر
envenenar (vt)	masmum kardan	مسموم کردن
envenenar-se (vr)	masmum šodan	مسموم شدن
suicídio (m)	xod-koši	خودکشی
suicida (m)	xod-koši konande	خودکشی کننده
ameaçar (vt)	tahdid kardan	تهدید کردن
ameaça (f)	tahdid	تهدید
atentar contra a vida de ...	su'-e qasd kardan	سوء قصد کردن
atentado (m)	su'-e qasd	سوء قصد
roubar (o carro)	robudan	ربودن
desviar (o avião)	havāpeymā robāyi	هواپیما ربایی
vingança (f)	enteqām	انتقام
vingar (vt)	enteqām gereftan	انتقام گرفتن
torturar (vt)	šekanje dādan	شکنجه دادن
tortura (f)	šekanje	شکنجه
atormentar (vt)	aziyat kardan	اذیت کردن
pirata (m)	dozd-e daryāyi	دزد دریایی
desordeiro (m)	owbāš	اوباش
armado	mosallah	مسلح
violência (f)	xošunat	خشونت
ilegal	qeyr-e qānuni	غیر قانونی
espionagem (f)	jāsusi	جاسوسی
espionar (vi)	jāsusi kardan	جاسوسی کردن

120. Polícia. Lei. Parte 1

justiça (f)	edālat	عدالت
tribunal (m)	dādgāh	دادگاه
juiz (m)	qāzi	قاضی
jurados (m pl)	hey'at-e monsefe	هیئت منصفه
tribunal (m) do júri	hey'at-e monsefe	هیئت منصفه
julgar (vt)	mohākeme kardan	محاکمه کردن
advogado (m)	vakil	وکیل
réu (m)	mottaham	متهم
banco (m) dos réus	jāygāh-e mottaham	جایگاه متهم
acusação (f)	ettehām	اتهام
acusado (m)	mottaham	متهم
sentença (f)	hokm	حکم
sentenciar (vt)	mahkum kardan	محکوم کردن

culpado (m)	moqasser	مقصر
punir (vt)	mojāzāt kardan	مجازات کردن
punição (f)	mojāzāt	مجازات
multa (f)	jarime	جریمه
prisão (f) perpétua	habs-e abad	حبس ابد
pena (f) de morte	e'dām	اعدام
cadeira (f) elétrica	sandali-ye barqi	صندلی برقی
forca (f)	čube-ye dār	چوبه دار
executar (vt)	e'dām kardan	اعدام کردن
execução (f)	e'dām	اعدام
prisão (f)	zendān	زندان
cela (f) de prisão	sellul-e zendān	سلول زندان
escolta (f)	eskort	اسکورت
guarda (m) prisional	negahbān zendān	نگهبان زندان
preso (m)	zendāni	زندانی
algemas (f pl)	dastband	دستبند
algemar (vt)	dastband zadan	دستبند زدن
fuga, evasão (f)	farār	فرار
fugir (vi)	farār kardan	فرار کردن
desaparecer (vi)	nāpadid šodan	ناپدید شدن
soltar, libertar (vt)	āzād kardan	آزاد کردن
amnistia (f)	afv-e omumi	عفو عمومی
polícia (instituição)	polis	پلیس
polícia (m)	polis	پلیس
esquadra (f) de polícia	kalāntari	کلانتری
cassetete (m)	bātum	باتوم
megafone (m)	bolandgu	بلندگو
carro (m) de patrulha	māšin-e gašt	ماشین گشت
sirene (f)	āžir-e xatar	آژیر خطر
ligar a sirene	āžir rā rowšan kardan	آژیررا روشن کردن
toque (m) da sirene	sedā-ye āžir	صدای آژیر
cena (f) do crime	mahall-e jenāyat	محل جنایت
testemunha (f)	šāhed	شاهد
liberdade (f)	āzādi	آزادی
cúmplice (m)	hamdast	همدست
escapar (vi)	maxfi šodan	مخفی شدن
traço (não deixar ~s)	rad	رد

121. Polícia. Lei. Parte 2

procura (f)	jostoju	جستجو
procurar (vt)	jostoju kardan	جستجو کردن
suspeita (f)	šok	شک
suspeito	maškuk	مشکوک
parar (vt)	motevaghef kardan	متوقف کردن

deter (vt)	dastgir kardan	دستگیر کردن
caso (criminal)	parvande	پرونده
investigação (f)	tahqiq	تحقیق
detetive (m)	kārāgāh	کارآگاه
investigador (m)	bāzpors	بازپرس
versão (f)	farziye	فرضیه
motivo (m)	angize	انگیزه
interrogatório (m)	bāzporsi	بازپرسی
interrogar (vt)	bāzporsi kardan	بازپرسی کردن
questionar (vt)	estentāq kardan	استنطاق کردن
verificação (f)	taftiš	تفتیش
batida (f) policial	mohāsere	محاصره
busca (f)	taftiš	تفتیش
perseguição (f)	taʿqib	تعقیب
perseguir (vt)	taʿqib kardan	تعقیب کردن
seguir (vt)	donbāl kardan	دنبال کردن
prisão (f)	bāzdāšt	بازداشت
prender (vt)	bāzdāšt kardan	بازداشت کردن
pegar, capturar (vt)	dastgir kardan	دستگیر کردن
captura (f)	dastgiri	دستگیری
documento (m)	sanad	سند
prova (f)	esbāt	اثبات
provar (vt)	esbāt kardan	اثبات کردن
pegada (f)	rad-e pā	رد پا
impressões (f pl) digitais	asar-e angošt	اثر انگشت
prova (f)	šavāhed	شواهد
álibi (m)	ozr-e qeybat	عذر غیبت
inocente	bi gonāh	بی گناه
injustiça (f)	bi edālati	بی عدالتی
injusto	qeyr-e ādelāne	غیر عادلانه
criminal	jenāyi	جنایی
confiscar (vt)	mosādere kardan	مصادره کردن
droga (f)	mavādd-e moxadder	مواد مخدر
arma (f)	selāh	سلاح
desarmar (vt)	xalʿ-e selāh kardan	خلع سلاح کردن
ordenar (vt)	farmān dādan	فرمان دادن
desaparecer (vi)	nāpadid šodan	ناپدید شدن
lei (f)	qānun	قانون
legal	qānuni	قانونی
ilegal	qeyr-e qānuni	غیر قانونی
responsabilidade (f)	masʿuliyat	مسئولیت
responsável	masʿul	مسئول

NATUREZA

A Terra. Parte 1

122. Espaço sideral

cosmos (m)	fazā	فضا
cósmico	fazāyi	فضایی
espaço (m) cósmico	fazā-ye keyhān	فضای کیهان
mundo (m)	jahān	جهان
universo (m)	giti	گیتی
galáxia (f)	kahkešān	کهکشان
estrela (f)	setāre	ستاره
constelação (f)	surat-e falaki	صورت فلکی
planeta (m)	sayyāre	سیاره
satélite (m)	māhvāre	ماهواره
meteorito (m)	sang-e āsmāni	سنگ آسمانی
cometa (m)	setāre-ye donbāle dār	ستارهٔ دنباله دار
asteroide (m)	šahāb	شهاب
órbita (f)	madār	مدار
girar (vi)	gardidan	گردیدن
atmosfera (f)	jav	جو
Sol (m)	āftāb	آفتاب
Sistema (m) Solar	manzume-ye šamsi	منظومه شمسی
eclipse (m) solar	kosuf	کسوف
Terra (f)	zamin	زمین
Lua (f)	māh	ماه
Marte (m)	merrix	مریخ
Vénus (f)	zahre	زهره
Júpiter (m)	moštari	مشتری
Saturno (m)	zohal	زحل
Mercúrio (m)	atārod	عطارد
Urano (m)	orānus	اورانوس
Neptuno (m)	nepton	نپتون
Plutão (m)	poloton	پلوتون
Via Láctea (f)	kahkešān rāh-e širi	کهکشان راه شیری
Ursa Maior (f)	dobb-e akbar	دب اکبر
Estrela Polar (f)	setāre-ye qotbi	ستاره قطبی
marciano (m)	merrixi	مریخی
extraterrestre (m)	farā zamini	فرا زمینی

alienígena (m)	mowjud fazāyi	موجود فضایی
disco (m) voador	bošqāb-e parande	بشقاب پرنده
nave (f) espacial	fazā peymā	فضا پیما
estação (f) orbital	istgāh-e fazāyi	ایستگاه فضایی
lançamento (m)	rāh andāzi	راه اندازی
motor (m)	motor	موتور
bocal (m)	nāzel	نازل
combustível (m)	suxt	سوخت
cabine (f)	kābin	کابین
antena (f)	ānten	آنتن
vigia (f)	panjere	پنجره
bateria (f) solar	bātri-ye xoršidi	باطری خورشیدی
traje (m) espacial	lebās-e fazānavardi	لباس فضانوردی
imponderabilidade (f)	bi vazni	بی وزنی
oxigénio (m)	oksižen	اکسیژن
acoplagem (f)	vasl	وصل
fazer uma acoplagem	vasl kardan	وصل کردن
observatório (m)	rasadxāne	رصدخانه
telescópio (m)	teleskop	تلسکوپ
observar (vt)	mošāhede kardan	مشاهده کردن
explorar (vt)	kašf kardan	کشف کردن

123. A Terra

Terra (f)	zamin	زمین
globo terrestre (Terra)	kare-ye zamin	کرۀ زمین
planeta (m)	sayyāre	سیاره
atmosfera (f)	jav	جو
geografia (f)	joqrāfiyā	جغرافیا
natureza (f)	tabi'at	طبیعت
globo (mapa esférico)	kare-ye joqrāfiyāyi	کرۀ جغرافیایی
mapa (m)	naqše	نقشه
atlas (m)	atlas	اطلس
Europa (f)	orupā	اروپا
Ásia (f)	āsiyā	آسیا
África (f)	āfriqā	آفریقا
Austrália (f)	ostorāliyā	استرالیا
América (f)	emrikā	امریکا
América (f) do Norte	emrikā-ye šomāli	امریکای شمالی
América (f) do Sul	emrikā-ye jonubi	امریکای جنوبی
Antártida (f)	qotb-e jonub	قطب جنوب
Ártico (m)	qotb-e šomāl	قطب شمال

124. Pontos cardeais

norte (m)	šomāl	شمال
para norte	be šomāl	به شمال
no norte	dar šomāl	در شمال
do norte	šomāli	شمالی
sul (m)	jonub	جنوب
para sul	be jonub	به جنوب
no sul	dar jonub	در جنوب
do sul	jonubi	جنوبی
oeste, ocidente (m)	qarb	غرب
para oeste	be qarb	به غرب
no oeste	dar qarb	در غرب
ocidental	qarbi	غربی
leste, oriente (m)	šarq	شرق
para leste	be šarq	به شرق
no leste	dar šarq	در شرق
oriental	šarqi	شرقی

125. Mar. Oceano

mar (m)	daryā	دریا
oceano (m)	oqyānus	اقیانوس
golfo (m)	xalij	خلیج
estreito (m)	tange	تنگه
terra (f) firme	zamin	زمین
continente (m)	qāre	قاره
ilha (f)	jazire	جزیره
península (f)	šeb-e jazire	شبه جزیره
arquipélago (m)	majma'-ol-jazāyer	مجمع‌الجزایر
baía (f)	xalij-e kučak	خلیج کوچک
porto (m)	langargāh	لنگرگاه
lagoa (f)	mordāb	مرداب
cabo (m)	damāqe	دماغه
atol (m)	jazire-ye marjāni	جزیره مرجانی
recife (m)	tappe-ye daryāyi	تپه دریایی
coral (m)	marjān	مرجان
recife (m) de coral	tappe-ye marjāni	تپه مرجانی
profundo	amiq	عمیق
profundidade (f)	omq	عمق
abismo (m)	partgāh	پرتگاه
fossa (f) oceânica	derāz godāl	درازگودال
corrente (f)	jaryān	جریان
banhar (vt)	ehāte kardan	احاطه کردن

| litoral (m) | sāhel | ساحل |
| costa (f) | sāhel | ساحل |

maré (f) alta	mod	مد
refluxo (m), maré (f) baixa	jazr	جزر
restinga (f)	sāhel-e šeni	ساحل شنی
fundo (m)	qa'r	قعر

onda (f)	mowj	موج
crista (f) da onda	nok	نوک
espuma (f)	kaf	کف

tempestade (f)	tufān-e daryāyi	طوفان دریایی
furacão (m)	tufān	طوفان
tsunami (m)	sonāmi	سونامی
calmaria (f)	sokun-e daryā	سکون دریا
calmo	ārām	آرام

| polo (m) | qotb | قطب |
| polar | qotbi | قطبی |

latitude (f)	arz-e joqrāfiyāyi	عرض جغرافیایی
longitude (f)	tul-e joqrāfiyāyi	طول جغرافیایی
paralela (f)	movāzi	موازی
equador (m)	xatt-e ostavā	خط استوا

céu (m)	āsemān	آسمان
horizonte (m)	ofoq	افق
ar (m)	havā	هوا

farol (m)	fānus-e daryāyi	فانوس دریایی
mergulhar (vi)	širje raftan	شیرجه رفتن
afundar-se (vr)	qarq šodan	غرق شدن
tesouros (m pl)	ganj	گنج

126. Nomes de Mares e Oceanos

Oceano (m) Atlântico	oqyānus-e atlas	اقیانوس اطلس
Oceano (m) Índico	oqyānus-e hend	اقیانوس هند
Oceano (m) Pacífico	oqyānus-e ārām	اقیانوس آرام
Oceano (m) Ártico	oqyānus-e monjamed-e šomāli	اقیانوس منجمد شمالی

Mar (m) Negro	daryā-ye siyāh	دریای سیاه
Mar (m) Vermelho	daryā-ye sorx	دریای سرخ
Mar (m) Amarelo	daryā-ye zard	دریای زرد
Mar (m) Branco	daryā-ye sefid	دریای سفید

Mar (m) Cáspio	daryā-ye xazar	دریای خزر
Mar (m) Morto	daryā-ye morde	دریای مرده
Mar (m) Mediterrâneo	daryā-ye meditarāne	دریای مدیترانه

| Mar (m) Egeu | daryā-ye eže | دریای اژه |
| Mar (m) Adriático | daryā-ye ādriyātik | دریای آدریاتیک |

Português	Persa (transliteração)	Persa
Mar (m) Arábico	daryā-ye arab	دریای عرب
Mar (m) do Japão	daryā-ye žāpon	دریای ژاپن
Mar (m) de Bering	daryā-ye brinq	دریای برینگ
Mar (m) da China Meridional	daryā-ye čin-e jonubi	دریای چین جنوبی
Mar (m) de Coral	daryā-ye marjān	دریای مرجان
Mar (m) de Tasman	daryā-ye tās-emān	دریای تاسمان
Mar (m) do Caribe	daryā-ye kārāib	دریای کارائیب
Mar (m) de Barents	daryā-ye barntz	دریای بارنتز
Mar (m) de Kara	daryā-ye kārā	دریای کارا
Mar (m) do Norte	daryā-ye šomāl	دریای شمال
Mar (m) Báltico	daryā-ye bāltik	دریای بالتیک
Mar (m) da Noruega	daryā-ye norvež	دریای نروژ

127. Montanhas

Português	Persa (transliteração)	Persa
montanha (f)	kuh	کوه
cordilheira (f)	rešte-ye kuh	رشته کوه
serra (f)	selsele-ye jebāl	سلسله جبال
cume (m)	qolle	قله
pico (m)	qolle	قله
sopé (m)	dāmane-ye kuh	دامنهٔ کوه
declive (m)	šib	شیب
vulcão (m)	ātaš-fešān	آتشفشان
vulcão (m) ativo	ātaš-fešān-e faʿāl	آتش فشان فعال
vulcão (m) extinto	ātaš-fešān-e xāmuš	آتش فشان خاموش
erupção (f)	favarān	فوران
cratera (f)	dahāne-ye ātašfešān	دهانهٔ آتش فشان
magma (m)	māgmā	ماگما
lava (f)	godāze	گدازه
fundido (lava ~a)	godāxte	گداخته
desfiladeiro (m)	tange	تنگ
garganta (f)	darre-ye tang	دره تنگ
fenda (f)	tange	تنگه
precipício (m)	partgāh	پرتگاه
passo, colo (m)	gozargāh	گذرگاه
planalto (m)	falāt	فلات
falésia (f)	saxre	صخره
colina (f)	tappe	تپه
glaciar (m)	yaxčāl	یخچال
queda (f) d'água	ābšār	آبشار
géiser (m)	češme-ye āb-e garm	چشمهٔ آب گرم
lago (m)	daryāče	دریاچه
planície (f)	jolge	جلگه
paisagem (f)	manzare	منظره

eco (m)	en'ekās-e sowt	انعکاس صوت
alpinista (m)	kuhnavard	کوهنورد
escalador (m)	saxre-ye navard	صخره نورد
conquistar (vt)	fath kardan	فتح کردن
subida, escalada (f)	so'ud	صعود

128. Nomes de montanhas

Alpes (m pl)	ālp	آلپ
monte Branco (m)	moan belān	مون بلان
Pirineus (m pl)	pirene	پیرنه
Cárpatos (m pl)	kuhhā-ye kārpāt	کوههای کارپات
montes (m pl) Urais	kuhe-i orāl	کوههای اورال
Cáucaso (m)	qafqāz	قفقاز
Elbrus (m)	alborz	البرز
Altai (m)	āltāy	آلتای
Tian Shan (m)	tiyān šān	تیان شان
Pamir (m)	pāmir	پامیر
Himalaias (m pl)	himāliyā-vo	هیمالیا
monte (m) Everest	everest	اورست
Cordilheira (f) dos Andes	ānd	آند
Kilimanjaro (m)	kelimānjāro	کلیمانجارو

129. Rios

rio (m)	rudxāne	رودخانه
fonte, nascente (f)	češme	چشمه
leito (m) do rio	bastar	بستر
bacia (f)	howze	حوضه
desaguar no ...	rixtan	ریختن
afluente (m)	enše'āb	انشعاب
margem (do rio)	sāhel	ساحل
corrente (f)	jaryān	جریان
rio abaixo	be samt-e pāin-e rudxāne	به سمت پائین رودخانه
rio acima	be samt-e bālā-ye rudxāne	به سمت بالای رودخانه
inundação (f)	seyl	سیل
cheia (f)	toqyān	طغیان
transbordar (vi)	toqyān kardan	طغیان کردن
inundar (vt)	toqyān kardan	طغیان کردن
banco (m) de areia	tangāb	تنگاب
rápidos (m pl)	tondāb	تندآب
barragem (f)	sad	سد
canal (m)	kānāl	کانال
reservatório (m) de água	maxzan-e āb	مخزن آب

eclusa (f)	ābgir	آبگیر
corpo (m) de água	maxzan-e āb	مخزن آب
pântano (m)	bātlāq	باتلاق
tremedal (m)	lajan zār	لجن زار
remoinho (m)	gerdāb	گرداب
arroio, regato (m)	ravad	رود
potável	āšāmidani	آشامیدنی
doce (água)	širin	شیرین
gelo (m)	yax	یخ
congelar-se (vr)	yax bastan	یخ بستن

130. Nomes de rios

rio Sena (m)	sen	سن
rio Loire (m)	lavār	لوآر
rio Tamisa (m)	timz	تیمز
rio Reno (m)	rāyn	راین
rio Danúbio (m)	dānub	دانوب
rio Volga (m)	volgā	ولگا
rio Don (m)	don	دن
rio Lena (m)	lenā	لنا
rio Amarelo (m)	rud-e zard	رود زرد
rio Yangtzé (m)	yāng tese	یانگ تسه
rio Mekong (m)	mekung	مکونگ
rio Ganges (m)	gong	گنگ
rio Nilo (m)	neyl	نیل
rio Congo (m)	kongo	کنگو
rio Cubango (m)	okavango	اوکاوانگو
rio Zambeze (m)	zāmbezi	زامبزی
rio Limpopo (m)	rud-e limpupu	رود لیمپوپو
rio Mississípi (m)	mi si si pi	می سی سی پی

131. Floresta

floresta (f), bosque (m)	jangal	جنگل
florestal	jangali	جنگلی
mata (f) cerrada	jangal-e anbuh	جنگل انبوه
arvoredo (m)	biše	بیشه
clareira (f)	marqzār	مرغزار
matagal (m)	biše-hā	بیشه ها
mato (m)	bute zār	بوته زار
vereda (f)	kure-ye rāh	کوره راه
ravina (f)	darre	دره

árvore (f)	deraxt	درخت
folha (f)	barg	برگ
folhagem (f)	šāx-o barg	شاخ و برگ
queda (f) das folhas	barg rizi	برگ ریزی
cair (vi)	rixtan	ریختن
topo (m)	nok	نوک
ramo (m)	šāxe	شاخه
galho (m)	šāxe	شاخه
botão, rebento (m)	šokufe	شکوفه
agulha (f)	suzan	سوزن
pinha (f)	maxrut-e kāj	مخروط کاج
buraco (m) de árvore	surāx	سوراخ
ninho (m)	lāne	لانه
toca (f)	lāne	لانه
tronco (m)	tane	تنه
raiz (f)	riše	ریشه
casca (f) de árvore	pust	پوست
musgo (m)	xaze	خزه
arrancar pela raiz	rišekan kardan	ریشه کن کردن
cortar (vt)	boridan	بریدن
desflorestar (vt)	boridan	بریدن
toco, cepo (m)	kande-ye deraxt	کندۀ درخت
fogueira (f)	ātaš	آتش
incêndio (m) florestal	ātaš suzi	آتش سوزی
apagar (vt)	xāmuš kardan	خاموش کردن
guarda-florestal (m)	jangal bān	جنگل بان
proteção (f)	mohāfezat	محافظت
proteger (a natureza)	mohāfezat kardan	محافظت کردن
caçador (m) furtivo	šekārči-ye qeyr-e qānuni	شکارچی غیر قانونی
armadilha (f)	tale	تله
colher (cogumelos, bagas)	čidan	چیدن
perder-se (vr)	gom šodan	گم شدن

132. Recursos naturais

recursos (m pl) naturais	manābe-'e tabii	منابع طبیعی
minerais (m pl)	mavādd-e ma'dani	مواد معدنی
depósitos (m pl)	tah nešast	ته نشست
jazida (f)	meydān	میدان
extrair (vt)	estexrāj kardan	استخراج کردن
extração (f)	estexrāj	استخراج
minério (m)	sang-e ma'dani	سنگ معدنی
mina (f)	ma'dan	معدن
poço (m) de mina	ma'dan	معدن
mineiro (m)	ma'dānči	معدنچی

gás (m)	gāz	گاز
gasoduto (m)	lule-ye gāz	لولهٔ گاز
petróleo (m)	naft	نفت
oleoduto (m)	lule-ye naft	لولهٔ نفت
poço (m) de petróleo	čāh-e naft	چاه نفت
torre (f) petrolífera	dakal-e haffāri	دکل حفاری
petroleiro (m)	tānker	تانکر
areia (f)	šen	شن
calcário (m)	sang-e āhak	سنگ آهک
cascalho (m)	sangrize	سنگریزه
turfa (f)	turb	تورب
argila (f)	xāk-e ros	خاک رس
carvão (m)	zoqāl sang	زغال سنگ
ferro (m)	āhan	آهن
ouro (m)	talā	طلا
prata (f)	noqre	نقره
níquel (m)	nikel	نیکل
cobre (m)	mes	مس
zinco (m)	ruy	روی
manganês (m)	mangenez	منگنز
mercúrio (m)	jive	جیوه
chumbo (m)	sorb	سرب
mineral (m)	mādde-ye ma'dani	مادهٔ معدنی
cristal (m)	bolur	بلور
mármore (m)	marmar	مرمر
urânio (m)	orāniyom	اورانیوم

A Terra. Parte 2

133. Tempo

Português	Transliteração	Persa
tempo (m)	havā	هوا
previsão (f) do tempo	piš bini havā	پیش بینی هوا
temperatura (f)	damā	دما
termómetro (m)	damāsanj	دماسنج
barómetro (m)	havāsanj	هواسنج
húmido	martub	مرطوب
humidade (f)	rotubat	رطوبت
calor (m)	garmā	گرما
cálido	dāq	داغ
está muito calor	havā xeyli garm ast	هوا خیلی گرم است
está calor	havā garm ast	هوا گرم است
quente	garm	گرم
está frio	sard ast	سرد است
frio	sard	سرد
sol (m)	āftāb	آفتاب
brilhar (vi)	tābidan	تابیدن
de sol, ensolarado	āftābi	آفتابی
nascer (vi)	tolu' kardan	طلوع کردن
pôr-se (vr)	qorob kardan	غروب کردن
nuvem (f)	abr	ابر
nublado	abri	ابری
nuvem (f) preta	abr-e bārānzā	ابر باران زا
escuro, cinzento	tire	تیره
chuva (f)	bārān	باران
está a chover	bārān mibārad	باران می بارد
chuvoso	bārāni	بارانی
chuviscar (vi)	nam-nam bāridan	نم نم باریدن
chuva (f) torrencial	bārān šodid	باران شدید
chuvada (f)	ragbār	رگبار
forte (chuva)	šadid	شدید
poça (f)	čāle	چاله
molhar-se (vr)	xis šodan	خیس شدن
nevoeiro (m)	meh	مه
de nevoeiro	meh ālud	مه آلود
neve (f)	barf	برف
está a nevar	barf mibārad	برف می بارد

134. Tempo extremo. Catástrofes naturais

trovoada (f)	tufān	طوفان
relâmpago (m)	barq	برق
relampejar (vi)	barq zadan	برق زدن
trovão (m)	ra'd	رعد
trovejar (vi)	qorridan	غریدن
está a trovejar	ra'd mizanad	رعد می زند
granizo (m)	tagarg	تگرگ
está a cair granizo	tagarg mibārad	تگرگ می بارد
inundar (vt)	toqyān kardan	طغیان کردن
inundação (f)	seyl	سیل
terremoto (m)	zamin-larze	زمین لرزه
abalo, tremor (m)	tekān	تکان
epicentro (m)	kānun-e zaminlarze	کانون زمین لرزه
erupção (f)	favarān	فوران
lava (f)	godāze	گدازه
turbilhão, tornado (m)	gerdbād	گردباد
tufão (m)	tufān	طوفان
furacão (m)	tufān	طوفان
tempestade (f)	tufān	طوفان
tsunami (m)	sonāmi	سونامی
ciclone (m)	gerdbād	گردباد
mau tempo (m)	havā-ye bad	هوای بد
incêndio (m)	ātaš suzi	آتش سوزی
catástrofe (f)	balā-ye tabi'i	بلای طبیعی
meteorito (m)	sang-e āsmāni	سنگ آسمانی
avalanche (f)	bahman	بهمن
deslizamento (m) de neve	bahman	بهمن
nevasca (f)	kulāk	کولاک
tempestade (f) de neve	barf-o burān	برف و بوران

Fauna

135. Mamíferos. Predadores

predador (m)	heyvān-e darande	حیوان درنده
tigre (m)	bebar	ببر
leão (m)	šir	شیر
lobo (m)	gorg	گرگ
raposa (f)	rubāh	روباه
jaguar (m)	jagvār	جگوار
leopardo (m)	palang	پلنگ
chita (f)	yuzpalang	یوزپلنگ
pantera (f)	palang-e siyāh	پلنگ سیاه
puma (m)	yuzpalang	یوزپلنگ
leopardo-das-neves (m)	palang-e barfi	پلنگ برفی
lince (m)	siyāh guš	سیاه گوش
coiote (m)	gorg-e sahrāyi	گرگ صحرایی
chacal (m)	šoqāl	شغال
hiena (f)	kaftār	کفتار

136. Animais selvagens

animal (m)	heyvān	حیوان
besta (f)	heyvān	حیوان
esquilo (m)	sanjāb	سنجاب
ouriço (m)	xārpošt	خارپشت
lebre (f)	xarguš	خرگوش
coelho (m)	xarguš	خرگوش
texugo (m)	gurkan	گورکن
guaxinim (m)	rākon	راکون
hamster (m)	muš-e bozorg	موش بزرگ
marmota (f)	muš-e xormā-ye kuhi	موش خرمای کوهی
toupeira (f)	muš-e kur	موش کور
rato (m)	muš	موش
ratazana (f)	muš-e sahrāyi	موش صحرایی
morcego (m)	xoffāš	خفاش
arminho (m)	qāqom	قاقم
zibelina (f)	samur	سمور
marta (f)	samur	سمور
doninha (f)	rāsu	راسو
vison (m)	tire-ye rāsu	تیره راسو

castor (m)	sag-e ābi	سگ آبی
lontra (f)	samur ābi	سمور آبی
cavalo (m)	asb	اسب
alce (m)	gavazn	گوزن
veado (m)	āhu	آهو
camelo (m)	šotor	شتر
bisão (m)	gāvmiš	گاومیش
auroque (m)	gāv miš	گاو میش
búfalo (m)	bufālo	بوفالو
zebra (f)	gurexar	گورخر
antílope (m)	boz-e kuhi	بز کوهی
corça (f)	šukā	شوکا
gamo (m)	qazāl	غزال
camurça (f)	boz-e kuhi	بز کوهی
javali (m)	gorāz	گراز
baleia (f)	nahang	نهنگ
foca (f)	fak	فک
morsa (f)	širmāhi	شیرماهی
urso-marinho (m)	gorbe-ye ābi	گربهٔ آبی
golfinho (m)	delfin	دلفین
urso (m)	xers	خرس
urso (m) branco	xers-e sefid	خرس سفید
panda (m)	pāndā	پاندا
macaco (em geral)	meymun	میمون
chimpanzé (m)	šampānze	شمپانزه
orangotango (m)	orāngutān	اورانگوتان
gorila (m)	guril	گوریل
macaco (m)	mākāk	ماکاک
gibão (m)	gibon	گیبون
elefante (m)	fil	فیل
rinoceronte (m)	kargadan	کرگدن
girafa (f)	zarrāfe	زرافه
hipopótamo (m)	asb-e ābi	اسب آبی
canguru (m)	kāngoro	کانگورو
coala (m)	kovālā	کوالا
mangusto (m)	xadang	خدنگ
chinchila (m)	čin čila	چین چیلا
doninha-fedorenta (f)	rāsu-ye badbu	راسوی بدبو
porco-espinho (m)	taši	تشی

137. Animais domésticos

gata (f)	gorbe	گربه
gato (m) macho	gorbe-ye nar	گربهٔ نر
cão (m)	sag	سگ

cavalo (m)	asb	اسب
garanhão (m)	asb-e nar	اسب نر
égua (f)	mādiyān	مادیان
vaca (f)	gāv	گاو
touro (m)	gāv-e nar	گاو نر
boi (m)	gāv-e axte	گاو اخته
ovelha (f)	gusfand	گوسفند
carneiro (m)	gusfand-e nar	گوسفند نر
cabra (f)	boz-e mādde	بز ماده
bode (m)	boz-e nar	بز نر
burro (m)	xar	خر
mula (f)	qāter	قاطر
porco (m)	xuk	خوک
leitão (m)	bače-ye xuk	بچۀ خوک
coelho (m)	xarguš	خرگوش
galinha (f)	morq	مرغ
galo (m)	xorus	خروس
pata (f)	ordak	اردک
pato (macho)	ordak-e nar	اردک نر
ganso (m)	qāz	غاز
peru (m)	buqalamun-e nar	بوقلمون نر
perua (f)	buqalamun-e māde	بوقلمون ماده
animais (m pl) domésticos	heyvānāt-e ahli	حیوانات اهلی
domesticado	ahli	اهلی
domesticar (vt)	rām kardan	رام کردن
criar (vt)	parvareš dādan	پرورش دادن
quinta (f)	mazrae	مزرعه
aves (f pl) domésticas	morq-e xānegi	مرغ خانگی
gado (m)	dām	دام
rebanho (m), manada (f)	galle	گله
estábulo (m)	establ	اصطبل
pocilga (f)	āqol xuk	آغل خوک
estábulo (m)	āqol gāv	آغل گاو
coelheira (f)	lanye xarguš	لانه خرگوش
galinheiro (m)	morq dāni	مرغ دانی

138. Pássaros

pássaro (m), ave (f)	parande	پرنده
pombo (m)	kabutar	کبوتر
pardal (m)	gonješk	گنجشک
chapim-real (m)	morq-e zanburxār	مرغ زنبورخوار
pega-rabuda (f)	zāqi	زاغی
corvo (m)	kalāq-e siyāh	کلاغ سیاه

gralha (f) cinzenta	kalāq	کلاغ
gralha-de-nuca-cinzenta (f)	zāq	زاغ
gralha-calva (f)	kalāq-e siyāh	کلاغ سیاه
pato (m)	ordak	اردک
ganso (m)	qāz	غاز
faisão (m)	qarqāvol	قرقاول
águia (f)	oqāb	عقاب
açor (m)	qerqi	قرقی
falcão (m)	šāhin	شاهین
abutre (m)	karkas	کرکس
condor (m)	karkas-e emrikāyi	کرکس امریکایی
cisne (m)	qu	قو
grou (m)	dornā	درنا
cegonha (f)	lak lak	لک لک
papagaio (m)	tuti	طوطی
beija-flor (m)	morq-e magas-e xār	مرغ مگس خوار
pavão (m)	tāvus	طاووس
avestruz (m)	šotormorq	شترمرغ
garça (f)	havāsil	حواصیل
flamingo (m)	felāmingo	فلامینگو
pelicano (m)	pelikān	پلیکان
rouxinol (m)	bolbol	بلبل
andorinha (f)	parastu	پرستو
tordo-zornal (m)	bāstarak	باسترک
tordo-músico (m)	torqe	طرقه
melro-preto (m)	tukā-ye siyāh	توکای سیاه
andorinhão (m)	bādxorak	بادخورک
cotovia (f)	čakāvak	چکاوک
codorna (f)	belderčin	بلدرچین
pica-pau (m)	dārkub	دارکوب
cuco (m)	fāxte	فاخته
coruja (f)	joqd	جغد
corujão, bufo (m)	šāh buf	شاه بوف
tetraz-grande (m)	siāh xorus	سیاه خروس
tetraz-lira (m)	siāh xorus-e jangali	سیاه خروس جنگلی
perdiz-cinzenta (f)	kabk	کبک
estorninho (m)	sār	سار
canário (m)	qanāri	قناری
galinha-do-mato (f)	siyāh xorus-e fandoqi	سیاه خروس فندقی
tentilhão (m)	sehre-ye jangali	سهره جنگلی
dom-fafe (m)	sohre sar-e siyāh	سهره سر سیاه
gaivota (f)	morq-e daryāyi	مرغ دریایی
albatroz (m)	morq-e daryāyi	مرغ دریایی
pinguim (m)	pangoan	پنگوئن

139. Peixes. Animais marinhos

brema (f)	māhi-ye sim	ماهی سیم
carpa (f)	kapur	کپور
perca (f)	māhi-e luti	ماهی لوتی
siluro (m)	gorbe-ye māhi	گربه ماهی
lúcio (m)	ordak māhi	اردک ماهی
salmão (m)	māhi-ye salemon	ماهی سالمون
esturjão (m)	māhi-ye xāviār	ماهی خاویار
arenque (m)	māhi-ye šur	ماهی شور
salmão (m)	sālmon-e atlāntik	سالمون اتلانتیک
cavala, sarda (f)	māhi-ye esqumeri	ماهی اسقومری
solha (f)	sofre māhi	سفره ماهی
lúcio perca (m)	suf	سوف
bacalhau (m)	māhi-ye rowqan	ماهی روغن
atum (m)	tan māhi	تن ماهی
truta (f)	māhi-ye qezelālā	ماهی قزل آلا
enguia (f)	mārmāhi	مارماهی
raia elétrica (f)	partomahiye barqi	پرتوماهی برقی
moreia (f)	mārmāhi	مارماهی
piranha (f)	pirānā	پیرانا
tubarão (m)	kuse-ye māhi	کوسه ماهی
golfinho (m)	delfin	دلفین
baleia (f)	nahang	نهنگ
caranguejo (m)	xarčang	خرچنگ
medusa, alforreca (f)	arus-e daryāyi	عروس دریایی
polvo (m)	hašt pā	هشت پا
estrela-do-mar (f)	setāre-ye daryāyi	ستاره دریایی
ouriço-do-mar (m)	xārpošt-e daryāyi	خارپشت دریایی
cavalo-marinho (m)	asb-e daryāyi	اسب دریایی
ostra (f)	sadaf-e xorāki	صدف خوراکی
camarão (m)	meygu	میگو
lavagante (m)	xarčang-e daryāyi	خرچنگ دریایی
lagosta (f)	xarčang-e xārdār	خرچنگ خاردار

140. Anfíbios. Répteis

serpente, cobra (f)	mār	مار
venenoso	sammi	سمی
víbora (f)	af'i	افعی
cobra-capelo, naja (f)	kobrā	کبرا
pitão (m)	mār-e pinton	مار پیتون
jiboia (f)	mār-e bwa	مار بوا
cobra-de-água (f)	mār-e čaman	مار چمن

cascavel (f)	mār-e zangi	مار زنگی
anaconda (f)	mār-e ānākondā	مار آناکوندا
lagarto (m)	susmār	سوسمار
iguana (f)	susmār-e deraxti	سوسمار درختی
varano (m)	bozmajje	بزمجه
salamandra (f)	samandar	سمندر
camaleão (m)	āftāb-parast	آفتاب پرست
escorpião (m)	aqrab	عقرب
tartaruga (f)	lāk pošt	لاک پشت
rã (f)	qurbāqe	قورباغه
sapo (m)	vazaq	وزغ
crocodilo (m)	temsāh	تمساح

141. Insetos

inseto (m)	hašare	حشره
borboleta (f)	parvāne	پروانه
formiga (f)	murče	مورچه
mosca (f)	magas	مگس
mosquito (m)	paše	پشه
escaravelho (m)	susk	سوسک
vespa (f)	zanbur	زنبور
abelha (f)	zanbur-e asal	زنبور عسل
mamangava (f)	xar zanbur	خرزنبور
moscardo (m)	xarmagas	خرمگس
aranha (f)	ankabut	عنکبوت
teia (f) de aranha	tār-e ankabut	تارعنکبوت
libélula (f)	sanjāqak	سنجاقک
gafanhoto-do-campo (m)	malax	ملخ
traça (f)	bid	بید
barata (f)	susk	سوسک
carraça (f)	kane	کنه
pulga (f)	kak	کک
borrachudo (m)	paše-ye rize	پشه ریزه
gafanhoto (m)	malax	ملخ
caracol (m)	halazun	حلزون
grilo (m)	jirjirak	جیرجیرک
pirilampo (m)	kerm-e šab-tāb	کرم شب تاب
joaninha (f)	kafšduzak	کفشدوزک
besouro (m)	susk bāldār	سوسک بالدار
sanguessuga (f)	zālu	زالو
lagarta (f)	kerm-e abrišam	کرم ابریشم
minhoca (f)	kerm	کرم
larva (f)	lārv	لارو

Flora

142. Árvores

árvore (f)	deraxt	درخت
decídua	barg riz	برگ ریز
conífera	maxrutiyān	مخروطیان
perene	hamiše sabz	همیشه سبز
macieira (f)	deraxt-e sib	درخت سیب
pereira (f)	golābi	گلابی
cerejeira (f)	gilās	گیلاس
ginjeira (f)	ālbālu	آلبالو
ameixeira (f)	ālu	آلو
bétula (f)	tus	توس
carvalho (m)	balut	بلوط
tília (f)	zirfun	زیرفون
choupo-tremedor (m)	senowbar-e larzān	صنوبر لرزان
bordo (m)	afrā	افرا
espruce-europeu (m)	senowbar	صنوبر
pinheiro (m)	kāj	کاج
alerce, lariço (m)	senowbar-e ārāste	صنوبر آراسته
abeto (m)	šāh deraxt	شاه درخت
cedro (m)	sedr	سدر
choupo, álamo (m)	sepidār	سپیدار
tramazeira (f)	zabān gonješk-e kuhi	زبان گنجشک کوهی
salgueiro (m)	bid	بید
amieiro (m)	tuskā	توسکا
faia (f)	rāš	راش
ulmeiro (m)	nārvan-e qermez	نارون قرمز
freixo (m)	zabān-e gonješk	زبان گنجشک
castanheiro (m)	šāh balut	شاه بلوط
magnólia (f)	māgnoliyā	ماگنولیا
palmeira (f)	naxl	نخل
cipreste (m)	sarv	سرو
mangue (m)	karnā	کرنا
embondeiro, baobá (m)	bāobāb	بائوباب
eucalipto (m)	okaliptus	اوکالیپتوس
sequoia (f)	sorx-e čub	سرخ چوب

143. Arbustos

arbusto (m)	bute	بوته
arbusto (m), moita (f)	bute zār	بوته زار

videira (f)	angur	انگور
vinhedo (m)	tākestān	تاکستان
framboeseira (f)	tamešk	تمشک
groselheira-preta (f)	angur-e farangi-ye siyāh	انگور فرنگی سیاه
groselheira-vermelha (f)	angur-e farangi-ye sorx	انگور فرنگی سرخ
groselheira (f) espinhosa	angur-e farangi	انگور فرنگی
acácia (f)	aqāqiyā	اقاقیا
bérberis (f)	zerešk	زرشک
jasmim (m)	yāsaman	یاسمن
junípero (m)	ardaj	اردج
roseira (f)	bute-ye gol-e mohammadi	بوتهٔ گل محمدی
roseira (f) brava	nastaran	نسترن

144. Frutos. Bagas

fruta (f)	mive	میوه
frutas (f pl)	mive jāt	میوه جات
maçã (f)	sib	سیب
pera (f)	golābi	گلابی
ameixa (f)	ālu	آلو
morango (m)	tut-e farangi	توت فرنگی
ginja (f)	ālbālu	آلبالو
cereja (f)	gilās	گیلاس
uva (f)	angur	انگور
framboesa (f)	tamešk	تمشک
groselha (f) preta	angur-e farangi-ye siyāh	انگور فرنگی سیاه
groselha (f) vermelha	angur-e farangi-ye sorx	انگور فرنگی سرخ
groselha (f) espinhosa	angur-e farangi	انگور فرنگی
oxicoco (m)	nārdānak-e vahši	ناردانک وحشی
laranja (f)	porteqāl	پرتقال
tangerina (f)	nārengi	نارنگی
ananás (m)	ānānās	آناناس
banana (f)	mowz	موز
tâmara (f)	xormā	خرما
limão (m)	limu	لیمو
damasco (m)	zardālu	زردآلو
pêssego (m)	holu	هلو
kiwi (m)	kivi	کیوی
toranja (f)	gerip forut	گریپ فوروت
baga (f)	mive-ye butei	میوهٔ بوته ای
bagas (f pl)	mivehā-ye butei	میوه های بوته ای
arando (m) vermelho	tut-e farangi-ye jangali	توت فرنگی جنگلی
morango-silvestre (m)	zoqāl axte	زغال اخته
mirtilo (m)	zoqāl axte	زغال اخته

145. Flores. Plantas

flor (f)	gol	گل
ramo (m) de flores	daste-ye gol	دستهٔ گل
rosa (f)	gol-e sorx	گل سرخ
tulipa (f)	lāle	لاله
cravo (m)	mixak	میخک
gladíolo (m)	susan-e sefid	سوسن سفید
centáurea (f)	gol-e gandom	گل گندم
campânula (f)	gol-e estekāni	گل استکانی
dente-de-leão (m)	gol-e qāsedak	گل قاصدک
camomila (f)	bābune	بابونه
aloé (m)	oloviye	آلوئه
cato (m)	kāktus	کاکتوس
fícus (m)	fikus	فیکوس
lírio (m)	susan	سوسن
gerânio (m)	gol-e šam'dāni	گل شمعدانی
jacinto (m)	sonbol	سنبل
mimosa (f)	mimosā	میموسا
narciso (m)	narges	نرگس
capuchinha (f)	gol-e lādan	گل لادن
orquídea (f)	orkide	ارکیده
peónia (f)	gol-e ašrafi	گل اشرفی
violeta (f)	banafše	بنفشه
amor-perfeito (m)	banafše-ye farangi	بنفشه فرنگی
não-me-esqueças (m)	gol-e farāmuš-am makon	گل فراموشم مکن
margarida (f)	gol-e morvārid	گل مروارید
papoula (f)	xašxāš	خشخاش
cânhamo (m)	šāh dāne	شاه دانه
hortelã (f)	na'nā'	نعناع
lírio-do-vale (m)	muge	موگه
campânula-branca (f)	gol-e barfi	گل برفی
urtiga (f)	gazane	گزنه
azeda (f)	toršak	ترشک
nenúfar (m)	nilufar-e abi	نیلوفر آبی
feto (m), samambaia (f)	saraxs	سرخس
líquen (m)	golesang	گلسنگ
estufa (f)	golxāne	گلخانه
relvado (m)	čaman	چمن
canteiro (m) de flores	baqče-ye gol	باغچهٔ گل
planta (f)	giyāh	گیاه
erva (f)	alaf	علف
folha (f) de erva	alaf	علف

folha (f)	barg	برگ
pétala (f)	golbarg	گلبرگ
talo (m)	sāqe	ساقه
tubérculo (m)	riše	ریشه
broto, rebento (m)	javāne	جوانه
espinho (m)	xār	خار
florescer (vi)	gol kardan	گل کردن
murchar (vi)	pažmorde šodan	پژمرده شدن
cheiro (m)	bu	بو
cortar (flores)	boridan	بریدن
colher (uma flor)	kandan	کندن

146. Cereais, grãos

grão (m)	dāne	دانه
cereais (plantas)	qallāt	غلات
espiga (f)	xuše	خوشه
trigo (m)	gandom	گندم
centeio (m)	čāvdār	چاودار
aveia (f)	jow-e sahrāyi	جو صحرایی
milho-miúdo (m)	arzan	ارزن
cevada (f)	jow	جو
milho (m)	zorrat	ذرت
arroz (m)	berenj	برنج
trigo-sarraceno (m)	gandom-e siyāh	گندم سیاه
ervilha (f)	noxod	نخود
feijão (m)	lubiyā qermez	لوبیا قرمز
soja (f)	sowyā	سویا
lentilha (f)	adas	عدس
fava (f)	lubiyā	لوبیا

PAÍSES. NACIONALIDADES

147. Europa Ocidental

Europa (f)	orupā	اروپا
União (f) Europeia	ettehādiye-ye orupā	اتحادیه اروپا
Áustria (f)	otriš	اتریش
Grã-Bretanha (f)	beritāniyā-ye kabir	بریتانیای کبیر
Inglaterra (f)	engelestān	انگلستان
Bélgica (f)	belžik	بلژیک
Alemanha (f)	ālmān	آلمان
Países (m pl) Baixos	holand	هلند
Holanda (f)	holand	هلند
Grécia (f)	yunān	یونان
Dinamarca (f)	dānmārk	دانمارک
Irlanda (f)	irland	ایرلند
Islândia (f)	island	ایسلند
Espanha (f)	espāniyā	اسپانیا
Itália (f)	itāliyā	ایتالیا
Chipre (m)	qebres	قبرس
Malta (f)	mālt	مالت
Noruega (f)	norvež	نروژ
Portugal (m)	porteqāl	پرتغال
Finlândia (f)	fanlānd	فنلاند
França (f)	farānse	فرانسه
Suécia (f)	sued	سوئد
Suíça (f)	suis	سوئیس
Escócia (f)	eskātland	اسکاتلند
Vaticano (m)	vātikān	واتیکان
Liechtenstein (m)	lixteneštāyn	لیختن‌اشتاین
Luxemburgo (m)	lokzāmborg	لوکزامبورگ
Mónaco (m)	monāko	موناکو

148. Europa Central e de Leste

Albânia (f)	ālbāni	آلبانی
Bulgária (f)	bolqārestān	بلغارستان
Hungria (f)	majārestān	مجارستان
Letónia (f)	letuni	لتونی
Lituânia (f)	litvāni	لیتوانی
Polónia (f)	lahestān	لهستان

Roménia (f)	romāni	رومانی
Sérvia (f)	serbestān	صربستان
Eslováquia (f)	eslovāki	اسلواکی
Croácia (f)	korovāsi	کرواسی
República (f) Checa	jomhuri-ye ček	جمهوری چک
Estónia (f)	estoni	استونی
Bósnia e Herzegovina (f)	bosni-yo herzogovin	بوسنی وهرزگوین
Macedónia (f)	jomhuri-ye maqduniye	جمهوری مقدونیه
Eslovénia (f)	eslovoni	اسلوونی
Montenegro (m)	montenegro	مونته‌نگرو

149. Países da ex-URSS

Azerbaijão (m)	āzarbāyjān	آذربایجان
Arménia (f)	armanestān	ارمنستان
Bielorrússia (f)	belārus	بلاروس
Geórgia (f)	gorjestān	گرجستان
Cazaquistão (m)	qazzāqestān	قزاقستان
Quirguistão (m)	qerqizestān	قرقیزستان
Moldávia (f)	moldāvi	مولداوی
Rússia (f)	rusiye	روسیه
Ucrânia (f)	okrāyn	اوکراین
Tajiquistão (m)	tājikestān	تاجیکستان
Turquemenistão (m)	torkamanestān	ترکمنستان
Uzbequistão (f)	ozbakestān	ازبکستان

150. Asia

Ásia (f)	āsiyā	آسیا
Vietname (m)	viyetnām	ویتنام
Índia (f)	hendustān	هندوستان
Israel (m)	esrāil	اسرائیل
China (f)	čin	چین
Líbano (m)	lobnān	لبنان
Mongólia (f)	moqolestān	مغولستان
Malásia (f)	mālezi	مالزی
Paquistão (m)	pākestān	پاکستان
Arábia (f) Saudita	arabestān-e so'udi	عربستان سعودی
Tailândia (f)	tāyland	تایلند
Taiwan (m)	tāyvān	تایوان
Turquia (f)	torkiye	ترکیه
Japão (m)	žāpon	ژاپن
Afeganistão (m)	afqānestān	افغانستان
Bangladesh (m)	bangelādeš	بنگلادش

Indonésia (f)	andonezi	اندونزی
Jordânia (f)	ordon	اردن
Iraque (m)	arāq	عراق
Irão (m)	irān	ایران
Camboja (f)	kāmboj	کامبوج
Kuwait (m)	koveyt	کویت
Laos (m)	lāus	لائوس
Myanmar (m), Birmânia (f)	miyānmār	میانمار
Nepal (m)	nepāl	نپال
Emirados Árabes Unidos	emārāt-e mottahede-ye arabi	امارات متحده عربی
Síria (f)	suriye	سوریه
Palestina (f)	felestin	فلسطین
Coreia do Sul (f)	kare-ye jonubi	کرۀ جنوبی
Coreia do Norte (f)	kare-ye šomāli	کرۀ شمالی

151. América do Norte

Estados Unidos da América	eyālāt-e mottahede-ye emrikā	ایالات متحدۀ امریکا
Canadá (m)	kānādā	کانادا
México (m)	mekzik	مکزیک

152. América Central do Sul

Argentina (f)	āržāntin	آرژانتین
Brasil (m)	berezil	برزیل
Colômbia (f)	kolombiyā	کلمبیا
Cuba (f)	kubā	کوبا
Chile (m)	šhili	شیلی
Bolívia (f)	bulivi	بولیوی
Venezuela (f)	venezuelā	ونزوئلا
Paraguai (m)	pārāgue	پاراگوئه
Peru (m)	porov	پرو
Suriname (m)	surinām	سورینام
Uruguai (m)	orogue	اوروگوئه
Equador (m)	ekvādor	اکوادور
Bahamas (f pl)	bāhāmā	باهاما
Haiti (m)	hāiti	هائیتی
República (f) Dominicana	jomhuri-ye dominikan	جمهوری دومینیکن
Panamá (m)	pānāmā	پاناما
Jamaica (f)	jāmāikā	جامائیکا

153. Africa

Egito (m)	mesr	مصر
Marrocos	marākeš	مراکش
Tunísia (f)	tunes	تونس

Gana (f)	qanā	غنا
Zanzibar (m)	zangbār	زنگبار
Quénia (f)	keniyā	کنیا
Líbia (f)	libi	لیبی
Madagáscar (m)	mādāgāskār	ماداگاسکار

Namíbia (f)	nāmibiyā	نامیبیا
Senegal (m)	senegāl	سنگال
Tanzânia (f)	tānzāniyā	تانزانیا
África do Sul (f)	jomhuri-ye āfriqā-ye jonubi	جمهوری آفریقای جنوبی

154. Austrália. Oceania

Austrália (f)	ostorāliyā	استرالیا
Nova Zelândia (f)	niyuzland	نیوزلند

Tasmânia (f)	tāsmāni	تاسمانی
Polinésia Francesa (f)	polinezi-ye farānse	پلینزی فرانسه

155. Cidades

Amesterdão	āmesterdām	آمستردام
Ancara	ānkārā	آنکارا
Atenas	āten	آتن

Bagdade	baqdād	بغداد
Banguecoque	bānkok	بانکوک
Barcelona	bārselon	بارسلون
Beirute	beyrut	بیروت
Berlim	berlin	برلین

Bombaim	bombai	بمبئی
Bona	bon	بن
Bordéus	bordo	بوردو
Bratislava	bratislav	براتیسلاو
Bruxelas	boruksel	بروکسل
Bucareste	boxārest	بخارست
Budapeste	budāpest	بوداپست

Cairo	qāhere	قاهره
Calcutá	kalkate	کلکته
Chicago	šikāgo	شیکاگو
Cidade do México	mekziko	مکزیکو
Copenhaga	kopenhāk	کپنهاک
Dar es Salaam	dārossalām	دارالسلام

Deli	dehli	دهلی
Dubai	debi	دبی
Dublin, Dublim	dublin	دوبلین
Düsseldorf	duseldorf	دوسلدورف
Estocolmo	āstokholm	استکهلم
Florença	felorāns	فلورانس
Frankfurt	ferānkfort	فرانکفورت
Genebra	ženev	ژنو
Haia	lāhe	لاهه
Hamburgo	hāmborg	هامبورگ
Hanói	hānoy	هانوی
Havana	hāvānā	هاوانا
Helsínquia	helsinki	هلسینکی
Hiroshima	hirošimā	هیروشیما
Hong Kong	hong kong	هنگ کنگ
Istambul	estānbol	استامبول
Jerusalém	beytolmoqaddas	بیت المقدس
Kiev	keyf	کیف
Kuala Lumpur	kuālālāmpur	کوالالامپور
Lisboa	lisbun	لیسبون
Londres	landan	لندن
Los Angeles	losānjeles	لس آنجلس
Lion	liyon	لیون
Madrid	mādrid	مادرید
Marselha	mārsey	مارسی
Miami	mayāmey	میامی
Montreal	montreāl	مونترآل
Moscovo	moskow	مسکو
Munique	munix	مونیخ
Nairóbi	nāyrubi	نایروبی
Nápoles	nāpl	ناپل
Nice	nis	نیس
Nova York	niyuyork	نیویورک
Oslo	oslo	اسلو
Ottawa	otāvā	اتاوا
Paris	pāris	پاریس
Pequim	pekan	پکن
Praga	perāg	پراگ
Rio de Janeiro	riyo-do-žāniro	ریو دو ژانیرو
Roma	ram	رم
São Petersburgo	sān peterzburg	سن پترزبورگ
Seul	seul	سئول
Singapura	sangāpur	سنگاپور
Sydney	sidni	سیدنی
Taipé	tāype	تایپه
Tóquio	tokiyo	توکیو
Toronto	torento	تورنتو
Varsóvia	varšow	ورشو

Veneza	veniz	ونیز
Viena	viyan	وین
Washington	vāšangton	واشنگتن
Xangai	šānghāy	شانگهای

www.ingramcontent.com/pod-product-compliance
Lightning Source LLC
Chambersburg PA
CBHW070603050426
42450CB00011B/2964